叶倾城

孩子，谢谢你选我做妈妈

叶倾城 著

文化发展出版社
Cultural Development Press

孩子给母亲的，才是无条件的，独一无二的，最爱。

目录

01 被抱抱，一定很舒服

02 我只能陪你到这里

03 接受世界的不圆满

04 你是女生，不能掉队

01

被抱抱，一定很舒服

这一生，我见过很多人，明知道是一场爱断情伤，却不能自抑地飞蛾扑火。

每一桩事物都有价钱，可悲的是，这价格永远随行就市，水涨船高。

这世上唯一的免费拥抱，大概就是来自家人的吧。也许我给小年的拥抱，很不够，我必须保存体力，陪她至少半生。

爱是最好的老师

有一天我正在吃饭，大姐忽然问我：“d，i，s，a，p，p，e，a，l 是什么意思？”

我一怔，问：“前言后语是什么？”

那是大姐的女儿——小满飞抵美国读书的第二周，我们与她有 12 个小时的时差，只能靠网络保持联系。因此，大姐经常在电脑前守到凌晨 1 点，就为了能趁小满吃过中饭后回到寝室的时候，和她短暂地聊几句。如果这样还是不行，她就靠翻阅小满网络个人空间来推断小满的状况。

此刻，大姐告诉我：“小满的 QQ 名称下面，写着‘眼镜’、三个惊叹号，然后，还有这个 D 什么什么的。我不认识呀，就用力记下来，等着现在问你。”

原来大姐背错了最后一个字母，难怪我拼不出来：“哦，是‘不见了’。她的眼镜不见了。”

大姐顿时急了："这才几天呀，眼镜就丢了。怎么办？人生地不熟，她到哪里配……"这顿饭，我们吃了多久，她就叨叨了多久。

等我们回到家，电脑上小满的状态已经变成："眼镜找到了！！！"她妈松了一口气，跑去开抽屉："你的零食呢？我记得这里总是有的，我没吃饱。"

中午，我回到家，看到我妈——小满的姥姥正趴在桌前，全神贯注对着 iPad。我以为她在玩"连连看"，再定睛一看，她居然是在通过手写的方式与小满聊天。

我妈已经到了"提笔忘字"的年纪，写每一个字之前都要犹豫一会儿。只见她写写停停，似乎还打算长篇大论。

我替她着急："提交，提交，先提交了再说。"

她说："就这么几个字呀？"

我说："你要碰错键就全消失了，那才是得不偿失。"

我妈从谏如流，后来每打完一个逗号，就会按一下提交，一直聊到小满说："姥姥，我要去上课了。"她才到我房里，忧心忡忡道："我说：'小满，我是姥姥。'小满就打'姥姥'，后边还有三个惊叹号。她是不是嫌我啰唆呀？"

我大吃一惊："不可能。"

"那为什么要打这么多惊叹号？"

我很清楚，这是 90 后的表达方式："我觉得主要是感动。姥姥都为她学用 iPad 了。"

她三番五次问我："真不是嫌我啰嗦？"

我向她反复保证："绝对不可能，绝对的。"

我妈这才心满意足地走开，一路上还自言自语："不是就好。"

我姐和我妈都读过大学，但是她们早已不太能跟得上现代生活的网络化步伐，此刻，俩人竟不约而同地主动学习网上交流。遇到难处，妈妈打字谜，姥姥做功课，为此甚至还抱出了字典。

有人说："兴趣是最好的老师。"

我说："不，爱才是。"

妈妈，就是用来擦眼泪的

夏天将近，路上走着的小朋友们，个个都露出光溜溜的小胖腿，可是腿上却是这里青一块，那里紫一块，这边伤痕累累，那边将将结痂。小朋友们顾自狂奔不已，我却禁不住暗自叹息：这，伤还没好，你们就忘了痛？

当然，我女儿小年，也不例外。快中午的时候，我们走在人行道上，我左手提着的大包里是她跳舞时穿的衣服和鞋、钢琴教材、水瓶，还有一些琐碎物件，右手提着装得满满的购物袋。我已经腾不出手去牵她，只能叮嘱："小年，你小心。"

小年总是那样精力充沛，只要没生病，她就好像永远不会打蔫，眼耳舌身意，个个都有自由主张——眼观六路，耳听八方，嘴里叽里呱啦说个不停，身子活蹦乱跳，脑子里还装着许多奇思妙想……大概仰望星空的人多半不注意看脚下的路，"吧唧"——小年摔倒了，这是个休止符。只见她沉默半拍，哭声骤起，不一会儿，眼泪就哗啦啦流成了河，一边还不忘悲凄地哭喊："我受到伤害了！要出血了！"即便此刻她娇嫩的皮肤并没有擦破半分。

孩子的哭声当前，新妈妈会大惊失色、手足无措，而已有五年当妈妈的经验的我，只轻轻地叹口气：到底是怎么摔的呢？路上并无石子；我早已摒弃老一辈的旧观念，给小年买的都是正合脚的鞋；蹒跚学步的时候摔倒，还可说是腿脚尚软，难于支撑全身的重量，现在她已经上蹿下跳，简直能大闹天宫了，腿脚总该长硬实了吧。这让我想起小时候看过的一句话，说小宝宝摔跤是因为被空气分子绊倒，事实面前，真是不信都不行。

我勉力把右肩上的大包挪到左肩，摊开手掌："来，妈妈抱抱。"再没有第三只手替她轻抚伤口，我任她树懒一样挂在我胸前，自嘲道："妈妈就是用来抱抱的。"

小年得到安慰，哭声戛然而止，她拿我的衣服胡乱地擦眼泪——全棉，吸汗也吸泪——向我一翻白眼："妈妈就是用来擦眼泪的。"

啊，我也曾拿我的母亲"擦"过眼泪。

那一年我已不年轻，却还是幼稚得很，人家已经懒得对我说谎，我还死缠烂打地追问。那日我躲在房里，对方一句："现在查证这些还有意义吗？"霎时间让这头抱着电话的我泣不成声。母亲推门进来，默默放下一盒纸巾，又关上门转身离去。

她什么也没问：有着过来人的智慧的她，还有什么不明白？

她什么也没说：深爱我的她知道，言语的安慰不仅空洞，而且还是一种残酷的提醒——它让被安慰的一方进一步认识到自己的无能为力。

她只是给我一盒纸巾，让我用来擦眼泪。

多年后，我才懂得她的难过：她眼睁睁看我痛得死去活来，她恨不得这痛全移到她身上，那境况就好像现在的我也愿代小年受伤。然而母亲和我都明白：有些路，必须一个人走；有些事，必须亲身经历，才会懂。

读教育家程颐回忆母亲的文章里“汝若安徐，宁至踣乎？”一句时，我笑起来，因为类似的话，我也对小年说过：“你要是慢慢走、好好走，怎么会摔？”天下做母亲的都说过类似的话吧？而她们的孩子，却多半没有听进去。正所谓良言万千，不如膝头上的一道伤口。

我放下小年：这一生，她还有很多跤要摔。即使我铺平所有的道路，她还会被空气分子绊倒。“世间哪儿有百年厮守的人家，一步不跌的道路？”未曾经历世间的疼痛，就不会有人生的智慧啊。

摔倒了，哭一场就好，好在还有妈妈。妈妈，就是用来擦眼泪的。

被抱抱，一定很舒服

大姐的女儿出世那年，我还年轻，看着这个小肉球球，只觉得好玩，肉球球居然还会打哈欠、打喷嚏，小嘴粉红。我正爱不释手，肉球球哭将起来，只见她紧闭双眼，扯开嗓子哭号，那声音简直比电钻、电锯还刺耳，明明什么都没发生，她却哭得上气不接下气。真烦人，烦死个人。

肉球球一岁上下时的一个深夜，她突然的哭声把全家人从梦中惊起。给奶不要，给水摆手，直哭得人肝肠寸断。量体温正常，摸遍周身，都不见有痛点，她只管踢腿伸手，哭个不休，她爸她妈行将崩溃，只差和她一样痛哭流涕。我爸，也就是肉球球的外公只得把她接过去，抱在怀里。

一被拥在臂弯，她身子立刻向门的方向探，身体语言清晰可辨：出去玩。我们试着和肉球球做思想工作：白天再玩，现在是凌晨两点。可肉球球哪里管这些？只是固执地手指门口，哭得越来越悲凄。万般无奈之下，外公只得抱着她在楼梯上上下下，拍着哄着，一层层的路灯应声而亮，又应声而熄。

那一晚，不知坑了多少邻居。

折腾了至少一小时，才声渐不闻哭渐消，可把外公累坏了吧？外公抱着肉球球，在客厅里踱着步，脸上带着温柔笑意，轻轻地说：“被抱抱，一定很舒服。”

肉球球伏在外公怀里，头抵在他肩上，用睡姿表示：同意。

我的女儿小年，比肉球球小十岁。谢天谢地，这样的夜间版大闹天宫，不曾上演。

这些年，家中人丁稀少，所以我们抱小年的时候不太多，并且老早就跟她说：“姥姥腰不好。”那时我妈已年届七十，经不起劳累。

她才两岁多的时候，我们带她出门，她就会说：“年年不走，妈妈抱；姥姥走，姥姥把车（婴儿车）。”我先是把她竖着抱，体力不支后，把她横过来，她说：“妈妈，我像是在天上睡觉。”于是我又试着把她夹在腋下。总之，就是变着法儿让身体各部分均匀受力。

她再大一些的时候，我们就千方百计给她灌输自力更生的理念：“年年，我们是大宝宝了，不要人抱。”有时候她坐在路边的石墩上哭闹：“累、脚疼，不不。”我勉为其难抱她起来。

她其实是个乖孩子，抱不了几步——往往是到最近的电线杆或者广告牌，就说：“放我下来，就到这里。”抱是很珍贵的事物，如同糖，她早知道不可多吃，于是只追求偶尔的一甜，片刻被抱的愉悦。

昨天，她要求在电脑上看绘本故事，我为她设置好，就去了厨房，结果她跑到厨房门口喊我："妈妈，来和我一起看。"我犹豫一下：算了，饭晚点儿吃也不会死。

我坐在电脑椅上，她立刻蹭上来，偎我腿上，在我与键盘之间的小小空当里存身。她乐滋滋地说："我就喜欢挤在妈妈这里看。"

我忍不住，伸出手来环住她。恍惚间仿佛听见："被抱抱，一定很舒服。"

这一生，我见过很多人，明知道是一场爱断情伤，却不能自抑地飞蛾扑火。

每一桩事物都有价钱，可悲的是，这价格永远随行就市，水涨船高。

这世上唯一的免费拥抱，大概就是来自家人吧。也许我给小年的拥抱，很不够。但我必须保存体力，来陪她至少半生。

我拥着小年，想起我爸当年抱着肉球球上楼下楼的样子。那年，他快六十。在小年出生四年之前，他去世了。

拥有自己的隐秘世界

她推我："出去出去，妈妈出去。"小小的手，软软的，却很坚决。

我措手不及，僵在当地。

那是个晴冷的冬日，女儿小年在野地里疯玩许久，直冻得她脚疼，我带她去肯德基暖暖。才坐定，她说："我要尿尿。"说着便进了卫生间，把跟在身后的我，往外推。

她真的可以吗？自己穿脱、蹲下、擦拭、冲水，彼时，她已近六岁，幼儿园上了三年多，在家里也都是自己如厕。我却还是放心不下，试图说服她："妈妈就站你旁边。你自己上。"

她执拗地摇头，理由是："我看姐姐、阿姨上厕所都关门的。"那逼仄的厕间，确实容不下两个人。

一扇门，就这样隔断了我与她。我听见她上插销的咔噔声。看不到的一瞬间，仿佛就是一种失去。不，我确实正在失去她。

这失去其实早已开始，夏天带她去过一次东米弟弟家，参观过人家的小小单人间，她当时一言不发，回家来就很有主见地说："我也要一个人睡。东米比我还小，都一个人睡。"

我们忍着笑，问她："那你要妈妈睡哪里呢？"

小毛头狠起心来六亲不认的，她说："你睡姐姐房。"

我说："你是小人，你睡大床大房；妈妈是大人，睡小床小房？"

她不与我们论理，只顾反反复复："我要一个人睡。"那日天快亮的时候，我感觉有个小身子爬上床，猫也似的偎紧我。我立刻掀起被子搂住她，于是乎，一大一小，小床小房，名副其实的相依。

还有呢？她忽然拒绝我讲的大白猫故事："我的好朋友说，这个故事好吓人。""朋友"，还"好"，果然一言九鼎，远胜身边人。

带她买衣服，我们纷纷挑大红大绿，按中国娃娃的模式把她变成画中人，她一指："我要那件。"淡淡的灰紫，蕴着一抹粉。她喜滋滋地穿着大摇大摆，营业员阿姨夸她："小姑娘真有想法。"我心中有隐约的挫败，像远山的轻烟，淡得看不到，却久久不散……

她突然喊我，从门里："妈妈，你有门那么高吗？"

门？我环顾左右，最后确定是指我面前的厕所隔间门，那门只比天花板低 20 厘米的样子："年年，怎么了？"

"里面没有纸。妈妈，你把我书包里的给我递一下。"

"有纸的，你开门，妈妈告诉你。"

门咔嗒一开，我一边指点："那个竖着的，墙上的大圆盘里就是纸。"一边想往里钻。她回头一看："知道了。"对着我的脸就关上了门。

我收势不住，身体几乎贴在门上，如果有人目睹了这一幕，大概会觉得我像《猫与老鼠》里面那只总被打得扁扁的，贴到墙上的 TOM 吧。我讪讪地退下台阶，想：我也有过这种时候吧。

自己大小便、穿脱衣服、吃饭睡觉，以及把他与她——我的父亲与母亲，拒在心门之外？日记本东藏西藏；总觉得父母不理解自己，却与亲密的朋友躲在花荫下有说不完的话……我渐渐地建立起属于自己的王国，我的王座，容不下第二个人。

你呢？是不是也走过一样的路？努力构建起自己的隐秘世界。遇到困难需要外界帮助的时候，我们敞开门却还是拒绝心爱者入内。我们在自己的小世界里自得其乐，直到有一天，有一扇门对着我们关上。那是来自我们最爱的人的拒绝。

总有那么一天，我们要将最爱自己的人拒之门外；同样，也总有那么一天，我们被自己最爱的人拒之门外。对前者，我无限抱歉，且无能为力；对后者，我默默地退后一步。

白马寺的乌龟，龙门石窟的白鹭

带小年去洛阳之前，我还是下了不少功夫准备的，带她背过“散入春风满洛城”“洛阳亲友如相问”，又给她说了“洛阳纸贵”“乐不思蜀”的故事，关于白马寺、龙门石窟、牡丹花的来龙去脉，我更是细细查阅，并以成为一个专业导游的标准，要求自己将它们背诵得滚瓜烂熟。

结果才进白马寺，刚走到放生池，小年便欢呼起来：“乌龟。”只见满池都是手掌大的小乌龟，绿莹莹的，四肢轻巧地摆动着，浮浮沉沉，像些小荷叶。

小年立刻就不想走了，趴在栏杆上看，又想给它们喂东西吃。找了一圈，没找到卖龟食的，在我包里翻出一些山楂、薄荷糖，扔下去，它们先是漂了一会儿，就慢慢沉下去。小乌龟们颇有定力，全不为之所动。

真正的游览还没开始呢，哄着她往前走了几步，她又兴奋地大叫：“石头上，好多乌龟。”小马宝莉一般狂奔过去。远远地，我只看到池心一座巨型假山，走近才看出来，上面挨挨挤挤爬满了乌龟，出水后是灰秃秃的，与岩石同色。

我哄着她，拽着她往里走，她一步三回头；我细述白马寺的历史，她零星听两三耳朵，只一心一意记着乌龟。大雄宝殿——好像每个庙里都有这个。藏经阁——这是和尚们的图书馆吧？万国佛殿区——不是在泰国看过真的吗？我们几时去看乌龟？再没有比一个不情愿的小朋友更糟糕的玩伴了，你说得舌灿莲花，她一盆一盆冷水泼上来。

傍晚时分，我们回到放生池边，她欢呼起来：“乌龟还在。”池边有石桌石椅，与池塘隔了一排柳树，我坐下来歇歇脚，喝口水。

傍晚是暑热渐消，凉意还未全面侵袭的时段，是心仍热如火而眼如灰的中年，正与我契合。偌大院落里，游人寥寥，有一种正应如此的宁静，看不到她的身影，但能听见她在不远处忽而在前、忽而在后的欢笑与叫声，忽然觉得好多事都可以让它烟消云散。

再喝一口水。

龙门石窟之行注定不能玩得尽兴。我时间掐算得很紧张，外加小年对石头没有一丝一毫的兴趣，连摸都不想摸，我强求，她就摸得一脸苦相：“热。”7月，石头晒得滚烫。

我给她讲魏晋唐宋，她突然问：“为什么有东汉西汉，没有东宋西宋？”

从一个石窟到另一个，要到河的对岸去。经过石桥的时候，小年突然叫起来：“鸟。”手直直伸出去指着。

那河只有细细一线水流，有些地方露出河床，圆石头像一堆面包。郁郁葱葱的水草倒长得很高，一只白色的水鸟，亭亭立在水草间，耸肩驼背，长长的黑嘴像柄水果刀。顶头是大太阳，小年趴在石栏杆上远看，自己被烫得直龇牙，也顾不上，惊喜不已：“鸟站在草里，它的脚也是绿的。”水经过它修长的双脚，温柔地打个转儿，再流走。

我纠正她：“小年，它是白鹭。一行白鹭上青天，就是它。”

小年迅速接嘴：“西塞山前白鹭飞，就是这里吗？我们刚刚去的是西……西……”

我说：“西山石窟。”

如何带孩子参观人文景观，我始终没有理出一个明确的思路。那些在文字里千古传唱的美好，多半见面不如闻名，相见不如不见，我就住在“昔人已乘黄鹤去”的城市，每次经过黄鹤楼，就忍不住地想：真丑。观岳阳楼，逛滕王阁，皆是如此。“姑苏城外寒山寺”，弹丸之地，寺庙如纤细的手臂，院落是明显小了一号的袖子，紧瘦得一动都不能动。

如果成年人都不过如此，那么，我能希望孩子理解到什么程度？只是一句“我来过了，我看到了”吗？

直到我看到小年从洛阳回来后写的游记：“白马寺里有很多

荷花、鱼，还有乌龟，可好玩了。有两匹马把经运到白马寺，所以叫白马寺……龙门石窟就是在洞里的佛，都是一堆堆石头，不好看，可是我们看到了白鹭，好好看……”才觉得，我的疑问或许有了答案。

文化可以极盛大，是宗教、历史、观念、传承，是三纲五常，是礼义廉耻；也可以极细小，是窗前的一枝寒梅；是贴在墙上的红双喜字；是落花如雨时，自然想到的“落红不是无情物”或者“他年葬我知是谁”。

去年在欧洲，小年逛过很多教堂，才发现每座都有尖顶。如此，她也要再走好些寺院，才会明白，大部分寺院都有放生池，里面盛着人们的善意。而在那之前，她已经看到了小乌龟们的安静祥和，她学着它们的泳姿，无限舒展。

要记忆白马寺，是否必须记忆它的成寺年代、大事记、得名缘由以及那些名人题字？可否只记得池里那绿莹莹的小乌龟曾让一个孩子好开心？

我去过龙门石窟许多次，它最让我动容的地方不是那一尊尊佛像背后的历史，而是隔河望去，佛像在阳光下熠熠生辉的样子，那永恒的美与庄严，让我眼泛泪花。

我想：这一趟，还是来得值。至于其他的，等小年长大后和同学或者喜欢的人重来洛阳时，再发掘吧。

为父母者，只能给孩子生命的城池放上最初的几块砖，却不能妄想亲手为孩子建造呀。

57 分美人儿

小女孩儿是不是都对相貌高度关注？我女儿小年就是这样。我自己呢？我的大脑，用了这么多年，像磨损过度的硬盘，好多记忆文件都已丢失，我真记不起五岁时的我在想些什么。

总之，小年一向觉得自己是最美的，但有时也会向我求证：“妈妈，我长得漂亮吗？多少分？”

我毫无疑义地答：“100 分。”

她不放心，又问：“其他小朋友呢？”无比较，则分数无意义，万一人均 100 分呢。

我内心斗争了一下：“99 分吧。”补充，“对于他们的妈妈来说，也都是 100 分。但因为我是小年妈妈，所以，小年是 100 分，他们统统只能 99。”

她满意了，却突然问：“妈妈，你小时候多少分？”

我一怔，眼前一列暗黑色的火车无声驶过，倚窗有个灰灰土土的身影，那便是我。我不忍心把刻薄话放在自己身上，说：“爱我的人觉得我美，不爱的人不觉得。我想，50 分吧。”语毕，我仿佛嗅到春夜里盛放的丁香花的味道，含着几分淡淡的悲凉。“那你现在呢？”

有了小年，我得到的爱，量与质都极大提高。我想了想，尽量公允地说：“算 75 分吧。”

小年立刻就不干了：“你这么漂亮，怎么会 75 分？至少是 57 分。”

我试着向她说明是 75 更大，她却死活不依：“不对，是 57 大，你就是 57 分。”唉，数字概念尚未建立。我妥协了：“好吧好吧，妈妈 57 分。”小年坚定地点头：“妈妈最漂亮，妈妈有 57 分。”

其实她现在已经开始慢慢地建立正确的审美观：所有迪士尼动画里的女主角，都纤腰一握，大卷金发——偶尔有个黑发的是花木兰或者印第安公主。小年两岁多的时候，走在餐厅楼梯的红地毯上，就会骄傲地拎着裙摆，她是跟公主们学的。

并非小年“儿不嫌娘丑”，而是意识到丑陋但用理性克制——“儿不觉娘丑”，所有人皆厌弃的缺点，在孩子眼里，都是独一无二的母亲之美。所谓“情人眼里出西施”，每个孩子，都是母亲的小小情人，看母亲只觉得无处不美：早上起来睡蓬了头发，也像青草地带着露珠。

往后，小年会挑剔我胖，不认同我鞋跟的高度，指责我裙子的花色：“你还当自己是小姑娘呀？”她是枝头初生的嫩叶，直把已是旧叶的我衬得更加灰头土脸。但她，不会认为我难看——就像我从来没认为我母亲难看一样。

爱与美，其实是通假字，爱她，一定觉得她美。无论亲情还是爱情，都包含着喜欢、怜惜、互相拥有的安全感以及朝夕相处的气味相投。我爱的人，就是美人儿。

小年对我来说，是 100 分，虽然我对她，只有 57 分，但，这已经是她能给出的最高分了。这把年纪，还能有这分数，我非常知足。

小年想要个小妹妹

我们家的小满姑娘——我姐姐的女儿，小年的表姐，在她五六岁的时候，大人逗她："给你再生个小弟弟小妹妹好不好？"

"不好。"小满回答得非常干脆。

大人继续"循循善诱"："如果在街上看到一个小朋友很可怜，没有爸爸妈妈，捡回来好不好？"

"好。"

"给你做弟弟妹妹？"

"不好。"领土问题，没有商量的余地。

"可是小朋友身上很脏，又没有吃的……"

小满不高兴了，道德难题叫人左右为难。她小声嘟哝："给二姨嘛，正好二姨没有小孩。"气鼓鼓的。

这故事口口相传了很多年，以至于她出国读高中后，大家问满爸满妈："要不要再生一胎？"他们还频频摇手，噤若寒蝉。

但小年是完全不一样的，她很想要一个小妹妹。

时常在不适当的场合，比如说从幼儿园回家的路上，在拥挤的公交车上，在雨声淅沥的黄昏，她大声说："妈妈，给我生个小妹妹吧。"于是周围所有的目光都投向了我。

彼时，我多半正狼狈不堪，身上是她上幼儿园的书包、上英语课的书包，有时候还有被我打成包袱要带回家的被褥。她还抓着我拼命央求："妈妈，你给我生个小妹妹吧。什么时候生呢？明天？后天？星期一生也可以。"

笑容浮现在一些旁观者的脸上。我敷衍着："好的好的。"

她很认真："我要小妹妹哟，不要小弟弟。"

"好好。"

她眼睛亮晶晶，像被安排了诸多良辰美景："在哪个医院生呢？"

我赶紧转移话题："你看那边，有个小白兔。"

"哪里哪里？"小朋友的注意力像荷叶上的蜻蜓，点一点就飞走。

也有时在夜里临睡前，她会突然一翻身："妈妈，我的小妹妹要叫小雨。"

当天如果我不算特别累，就和她贫几句："为什么呢？"

"因为小雨妹妹听起来好听呀。大雨应该是姐姐，大风是哥哥。"

"那大雪呢？"

她想一想："大雪很白很冷，可以是哥哥，也可以是姐姐。"

眼看马上要进入语义学的探究范围，她又回马一枪："妈妈，你什么时候生小雨妹妹呀？"

我不算老派，却也没新派到能和孩子讨论生育问题的程度，我以和稀泥的态度告诉她："生个宝宝，要九个月时间。你能等吗？"

九个月对幼儿来说，像一百年那么漫长，小年震惊了："是多少天？"

"280天。"

她也不知道280天是多少，迟疑地问我："那时我在干吗？上大学了吗？"

我一心软说："不，上小学一年级。"

她立刻欢呼："我上小学，妈妈就给我生小妹妹了……"两脚把床板蹬得咚咚响。

得，我自己挖坑自己跳。

我带小年看《巴黎淘气帮》，一直担心她没有看懂，因为里面的人物是一群十岁上下的小男孩。小年倒是至少看懂了一点：小淘气尼古拉，痴心妄想，一心以为能有个小弟弟，却来了个小妹妹。

小年问我："不能想要什么就要什么吗？"

我答："不能。"几乎是怀着歉意。

又问："生之前，也没法知道是弟弟还是妹妹吗？"

我又答："不能。生出来才能知道。"

小年想呀想，想呀想，终于下决心："妈妈，我要个小妹妹，不过，小弟弟也可以。尼古拉觉得小妹妹不能和他玩游戏，可是最小最小的小宝宝，本来就是不会玩游戏的。”

几天后，过地下通道的时候，她又问小妹妹的事，我无端端地心下难过，问：“妈妈最爱谁？”

她毫不迟疑地点点自己的胸口。

“如果有了小妹妹，妈妈就最爱小妹妹了，怎么办？”

这是完全无效的威胁，她一边爬楼梯，一边嘻嘻笑：“妈妈最爱我们两个。”

唯一聊以自慰的是：她有这样强大的安全感，知道任何人任何事都不能撼动她“被最爱”的地位。

忘了是当天晚上还是过了一段时间，有一晚，灯已经关了，她看完《小淘气尼古拉》的一页——这是电影《巴黎淘气帮》的原著，看过电影后，我去图书馆为她借了一本，心满意足地对我说：

“妈妈，去年姐姐去北京了，我很孤单，就想要一个小妹妹。后来家里有了罗西娜和罗西米尼（两只小兔子），它们就是我的妹妹，我就不孤单了。今年姐姐去了美国，兔子也不见了，我就又想要妹妹了。妈妈，你给我生一个吧。”

她没有等到我的回答就睡着了，无边夜色里，仰躺在床上的我，泪水流了一脸。

她要的不是妹妹，而是对抗与消解寂寞——偏偏这个，我无能为力。

天上的外公

小年第一次回武汉的时候，才一岁多，我们带她给我父亲上坟，对她说："去看外公。"

一产一育，我已经两三年没去过墓园，到了才知道正大兴土木，父亲墓前的一排松柏已经伐倒，变成新的墓群——我还记得那风来的飒飒声，是沉默的安慰。此刻举目不见青葱，全是石碑。亡灵的世界，和生者一样，变成浩大的石头公寓。

我们忙着清洁祭扫，小年在无人的墓园里跑来跑去，我赶紧过去制止——担心她踩到人家的坟茔。带她走的时候，她问："不是来看外公的吗？外公呢？在哪里？"

我心下难过，说："外公在天上。"

小年"哦"了一声，仰头看去：天高云淡，晴空里什么都没有。她天真地笑起来，向上方摆摆手："外公拜拜。"

我的热泪几乎要夺眶而出。

逢年过节、生辰死忌，我们只要有时间就去给父亲扫墓。小年糊里糊涂，只视之为游园活动，每次都兴高采烈：“看外公真好玩。”偶尔她问我：“这里是外公家吗？”

我说：“是呀。”

“外公每次都不在家吗？他为什么不出来……”顿一下，词汇量不够，于是热烈地抱我，抱姥姥，抱大姨，“不出来这样呢？”用动作表达“欢迎”。

我说：“年年……外公出不来了，他……去世了。”

“什么叫去世？”

“就是……他不在了，我们看不到了。他不回家了，去另外的地方了。”不知道要过多少年，说到这件事的时候，我才不用忍着泪。

她双目静定地看我，问：“去世就是死了吗？”

她问得这么直接。我不知道她是从何了解死亡。我们养的小鸡死了，我们骗她说是不见了；乌龟不动了，我们告诉她是睡着了；《汤姆的外公去世了》的绘本故事，我与她一起听完，她没追问细节，我遂也没说什么。

而此刻，我只能硬着头皮说：“嗯。”

她突然间大哭起来，抱紧我：“妈妈，我不要你死。妈妈，我不要你死。”悲悲切切的小小哭声，在墓地里荡开、消逝。这里的空气，吸收了多少人的眼泪和哭喊，拧一拧，或者能像毛巾一样，发出湿漉漉的声音。

我费了好大劲才向她解释清楚：“妈妈现在不会死的。人要活到 100 岁才死。妈妈离 100 岁还很远。”

她听得目不转睛，问：“那姥姥呢？姥姥离 100 岁是不是比你近？”

这是我，不能不说“是”的问题。

于是她号啕大哭地转向姥姥，小小身体偎紧姥姥：“我不要你到 100 岁，我不要你死。”小手臂抓得那么用力，姥姥被她拖得直往下坠，腰弯成弓。姥姥一边勉力维持平衡，一边哄她：“好好，姥姥不死，姥姥不死。”她的小脸蛋上全是泪。

仿佛有人说过，文学式微的部分原因是现代人普遍长寿，作家活到三四十岁，可能祖父母还健在，遑论父母，倘若他们不曾经历生离死别，就永远无法探索生命中的严肃主题。

这样的福气，我自己，我的孩子，都不曾得到。

“100 岁”成为小年的噩梦，经常天还没亮，她光着屁股，跑到厨房对姥姥说：“姥姥，我跟你说句话：你不要到 100 岁。我不要你死。”也有时候，正在玩玩具、听故事，仿佛忽然间悲从中来，她扑向姥姥，左边脸亲亲，右边脸亲亲：“姥姥，你不要到 100 岁。”大哭一场。

渐渐地，她没这么悲情了，死亡恐怖而令人着迷的成分呈现出来。她问：“妈妈会死吗？小树会死吗？沙包兔会死吗？”

我答：“都会的。有生就有死。沙包兔……它是人制造出来的，也会损坏，坏就是它的死。”

她问：“我长大也会死吗？”

“是的。”

“我死的时候多少岁？”

“100 岁。”

“那时你多少岁？”

“那时我已经死了。”

“你死了，谁去给我上山（本地方言中的‘扫墓’）？”

“你的宝宝，你的宝宝的宝宝，你的宝宝的宝宝的宝宝。”

宝宝这事物让她咯咯咯笑起来。她又不放心地问：“他们知道我的家在哪里吗？”

我非常肯定：“知道。就像我知道外公家在哪里一样。”

话题又绕回外公身上：“外公没到 100 岁就死了，为什么？”

其实，这世上绝大多数人都到不了 100 岁，而且没有为什么。

“外公生病了。”

“他身体不好？”

这是我不想涉及的话题。即便心上旧有的伤口已经被新生的肌肤、脂肪覆盖，看不到了，也并不意味着痊愈。我说：“所以你要好好吃饭呀，身体好了，才能活到 100 岁。”

她很自然地接受了“外公在天上，同时又在家里，不出来”，再带她去上山，她很高兴地在墓园里跑来跑去，不时对着旷野某一处大喊：“外公……外公……”我不迷信，但刹那间，我希望她真的看到那些我们看不到的人与事。不是都说小孩子眼睛最亮吗？

有一天，我们坐在公共汽车上，她无缘无故地说：“其实，全世界的人都是一样的。生下来，长大，到 100 岁，”她双手一摊，“死掉。”哪里学来这动作，为什么与死亡连在一起？我想了很久才回过神来：那是大人经常用来表示“没有了”的手势，“……再生下来。”

她指的不是同一个人再被生下来吧？

我没有问。明知道问也白搭。逻辑对慧根，就是传说中的牛头对马嘴，跟对 ATM 机说芝麻开门一样，不靠谱。

她心安理得地开始关注其他事：新上车的一个小妹妹，车厢前面电视上的广告，一大棵梧桐枝“啪啦”一声扫过车窗。

只是，如果我父亲已经转世，现在也快十岁了。也许正在这车上，背着小书包，刚放学，待会儿要去上钢琴课、乒乓球课、英语课、奥数课……他的父母爱他，正如我爱小年一样。小年说得没错：“世界上的人都是一样的。”我们走过相似的道路，相同地给出与得到。我不会问谁来给我上山，我知道；我也不问我父亲曾为谁上过山，我也知道。

我的父亲，既在天上，也在墓园，更在人间，是任何一个我们身边的小孩，是小年，也是我自己。

一个母亲的祈祷

我向不知名的神祈祷：请赐我力量，让我能够享受和小年在一起的美好时光，而不会焦虑得想逃。

一晚又一晚，我陪她入睡。喝完睡前奶，讲过睡前故事，她往往还兴奋莫名，翻来覆去，自言自语，在我身上拱来拱去。我有时困得不行，迷糊中打一下她的小屁股："快睡！"有时又醒得明明白白：电脑屏幕暗如夜色，但一角的灯亮着，提醒我所有未完成的工作。

我故意翻个身，背身而眠。她委屈了，即将"嗯哼"而哭，手举起来，似乎要擦眼泪，还没举到腮边，已经睡着。

我和她一起拼插卡、拼图，她整个人都钻到拼图堆里，一会儿蠕虫爬，一会儿鲤鱼打挺，我慢慢地放下拼图，拿起报纸。她头也不转地问我："妈妈，你想不想住新房子？"我心不在焉地答："好好好。"——她说过："妈妈的口头禅就是'好好好'。"她说："你看我呀，你看我的新房子。"我不耐烦起来："小年，这个盒子上写了，3 ~ 6 岁是亲子并拼，6 岁之后是宝宝自己拼——你马上就要 6 岁了。”

她爱偎在我怀里看《粉红猪小妹》，有一集，她百看不厌。一边看，还一边动手扭我的头，逼我面对电脑：“不许看书哟。”

我说：“你都看过了呀。”

她委屈了：“但是我想和你一起看。”

我不是不能享受在一起的美好光阴。我时常亲亲小年，亲着亲着，就下意识一咬。小年委屈地看我：“疼。”我道歉：“妈妈爱你嘛。”有天她抱着我的手臂，突然小牙齿咬上来，我夸张地叫：“疼。”她乐得咯咯笑，说：“你传染的。”爱可以是多无聊的一件事，我们俩抱在一起，像母狮及幼狮，你咬过来，我咬过去，她乐疯了。而我……幸福得几近要落泪。

最美好的是这些毫无意义的时刻：她坐在我腿上听贝贝熊；我给她剥松子、碧根果；我用各种奇怪的名字称呼她，臭年年、宝宝年年、怪兽年年公主；我们说着迷离鬼话，她说她以后的宝宝，会叫小雨……

但亲密无间往往也会是无间地狱。她喋喋不休，我只想静一静；她眼睛亮亮地说：“妈妈，我们玩玩具吧。”我恨不能躺下来，让四肢百骸全休息一下；每次有机会出差，我满心都是离开她的不舍，以及——终于能够如释重负的轻松。是的，我的孩子是我生命里最沉重的背负。

我也跟同一位神祈祷：请赐我智慧，让我承受她会渐渐离开我这个必然的事实，正如光一旦发出，就不会回头，哪怕迎接它的，是几万年的寂寞路途。

她在围棋班学了两年，我只在最开始时，为了配合她做作业，约略学了一点点。到现在，她已经拒绝与我下了："妈妈，你只会王八拳乱打。"正好家里来位叔叔，小时候在少年宫学过围棋，与她对弈。到最后，她还是棋力不逮，被吃了大龙。我以为她会哭，但是她没有——她突然拥有了愿赌服输的笃定，我怔住，她不再是我怀里乱拱的肉球。

她不知从哪里摸出些日记本，那还是我当年行走丽江等地时买来的工艺品。她问我："心情日记是什么意思？"问明白之后，就气势磅礴地写道："我最爱吃的东西，是肉丸子、豆丝、脆皮豆腐。"去上厕所的时候"呀"一声，大喊："忘了写腐竹。"她竟然会写"腐"这么高难度的字……让我意外。

上完围棋课回来，就写：对手只赢（这个字不会写，找姥姥，姥姥让找妈妈，我不提笔良久，也得上网查）了三颗子，老师说他赢得很危险。

还有：今天迟到了，不开心。

总有一天，她会把日记本藏起来吧？不不不，这是过时的、上岁数人的想法。她会在网络的某一处写，而网络，如宇宙般浩瀚，谁能借我一本《搭车客指南》，让我进入她的星球？

神啊，请听我的祈祷：

我已渐渐明白：漫漫人生路，能在一起，是多么不易。一定是“不可能性引擎”发动，才令我与她成为母女，共度一段岁月。父母子女一场，是人生的超小概率。

请让这岁月长一点，更长一点，再长一点……这就是我全部的、所有的祈祷。

童子偈

朋友说，我的女儿小年，令她开悟。

我与她同从桂林赴龙脊，小车的后排座位上，挤了三个大人，五岁的小年拢我膝上，半偎着，专注地玩玩具。

朋友还年轻，或者是身体的紧密令她觉得心也紧密，开始娓娓诉说情路的坎坷，一段一段看不到终点，她说："我就是想找一个成熟一些的人……"

小年头也不抬，突然插话："什么成熟不成熟，人又不是小果子。"一语震惊四座，如当头棒喝。朋友说："我懂了。"

懂，是很困难的事，否则不会有"说时似悟，对境生迷"的说法。但朋友，确实努力着，放开心胸，开始留意那些原先被她归在"不成熟"类别的人：本来就该如此，红元帅甜，青番茄也别有风味呀。年轻女孩子对大叔的神化，确实得适可而止。成熟、熟透、烂掉……也是生命的顺理成章。

我自己，也曾在刹那间，被小年点醒。

那年，她两岁，我正哄她睡觉，来了电话。忘了是谁打来，内容是让我哭还是笑，总之，握住手机的手，说不出的疲惫。小年躺着，拽我的手臂，奶声奶气喊我："放下，放下。"我不由得，虎躯一震。

她还小，词汇量还贫乏，她只是想让我"放下手机"，乖乖陪她睡觉，共同进入梦之王国。但仿佛她说的是其他，那些握不住的沙，收不回的流水，融化了的霜雪，种种件件，提不起又放不下的事。

发生过什么？你真想知道吗？无数次，我在脑海中虚拟陈述的场景：安静的法庭，所有人的眼光都看向我，我不得不抉择，是成为火刑柱上沉默的焦炭，还是一层层揭开我的难堪、痛楚？你永远不会看到洋葱的身体疼得在收缩。我不想面对质疑的眼光自证清白，我良心的干净我比谁都明白。我不要解释。我只要——如果有人能够完整懂得，百分百信任尊重与同情体谅，而我，娓娓说出我所有的委屈。

没有出口的话，成为一生的负担。而连我的小女儿，都在说：放下。还有什么，应该放不下？

从此，无数个头痛欲裂、不能入睡的夜，我挣扎着，尝试着，一点点，放。缓慢比迅捷更需要控制力。

小年令我想起：古代有个和尚，不知是什么事萦绕心头，他百思不得其解，越参禅，越用功，却越迷迷瞪瞪想不开。有一天，他经过街市，停在一栋酒楼下整理松了的袜带，听见楼上传来女子的歌声："你既无心我便休。"他当即大悟。此后人称"楼子和尚"。

幸好我有小年，不必在街头乱撞。

是婴童比我们更接近生命自身吗？唯其语言不丰富，才能一语中的；没见过大世面，反而更重视眼前的一草一木；孩子们总在问"是好人还是坏人"，你嫌他们幼稚？不，我慢慢明白：好坏是根本。不谈好坏，人品、性格、趣味，都无从分辨。就好像已经伪劣变质的食物，遑论营养与风味？

心中有事的时候，不妨听听童言稚语，就像聆听潮汐的涨落，或者牵牛花的绽放。安静，低头，专注，你所得到的，会比你想要的，多很多。

下一次，还是要勇敢试试

我多年没在长假时间出去玩了——有什么可去？到处人山人海。但今年小年上学了，情况不同：第一，如今想要带她出游只有节假日可敷利用；第二，儿童不知春何在，唯往游人多处行——人多才好玩呀。冷清清的儿童乐园，像被遗弃的心房，淡淡的哀愁。

于是十一期间，我拖家带口去了游乐场。临行时，朋友提醒我："大部分项目，小年都不能玩吧？"我不在乎地答："不要紧，图个乐呗。反正她身高不够，也没买票。"朋友逗小年："你可以坐四个小时旋转木马。"小年惊骇得两眼溜圆："会晕的……"我赶紧说："小哥哥和你开玩笑。"

9 点游乐场开门，我打发老弱妇孺们去坐"飞马过山车"。说明书上写得清清楚楚："身高 1 米以上，老少咸宜。最适宜亲子共游，尤其是从未坐过过山车者。"至于我，直奔垂直过山车而去。

等我上了垂直过山车——悬在高处，那静定的一秒钟难以言喻，你眼睁睁看着脚下的万丈深渊，脑海一片空白。突然间，急速下坠。你所有关节都不由自主反向用力，想把自己拉上去，但你已经瞬间触底，来不及粉身碎骨，你又飞升而去。原来最恐怖的瞬间，不是疾驰，而是坠崖前的刹那等待。

我的小心脏怦怦跳，却还觉得意犹未尽。一出来，吓一跳：我的家人们，丢盔弃甲、扶老携幼地也出来了。小年连忙跑过来拉我手诉苦："妈妈，我腿都吓软了。"小小的脸孔，红提干一样血红、皱巴巴。又说，"妈妈抱。"把脸埋在我怀里，偎了一会儿，寻求安抚，是败军之将的本能。

那是快乐的一天：疯狂校车、转转杯、小火车、旋转木马……午饭后，所有人都疲沓下来。树梢上安了隐秘的喷水设施，洒下绵绵细雨，坐在阴凉里，衣襟摆动，有微微秋意。其他人休息，我还玩兴正高，小年拽我的手："妈妈，我带你坐飞马过山车，我陪你，你不会怕。"

正是人最多的时候，队曲曲折折排出五行。没必要让孩子为了陪我受累，我问小年："要排好久，算了吧？"她执拗："我要陪妈妈坐。""妈妈可以坐其他的。你去和他们乘凉好不好？"小毛头也有小毛头的小心思，她垂下眼眉不看我，脚不挪窝："陪妈妈坐，感觉不一样，可能会好玩儿。"我终于反应过来：陪我，只是个由头，其实，她自己想坐。

那震撼的刺激感，身不由己的失控感，席卷我，也席卷她。

当我头朝下被挂在高空，看到大地向我如猛兽扑来；或者我像一块陨石被抛向树影，耳边仿佛听见枝叶的“唰唰”声，千钧一发之际，我被挽救……

这是庸常生活里最安全的冒险。一路起伏跌宕，像用身体书写惊险小说。过山车，可以视为对真实坎坷的戏仿，你勇敢尝试了，你手足无措了，你——也获得些什么，这什么，小年不一定能用语言完整表达。

排了大约 40 分钟，才轮到我们。我一路兴致高昂，克制想叫想低头的冲动，大声对她笑：“好好玩呀，真的好开心。”一手紧抓护栏，一手轻抱她。笑容如上帝指尖的轻触，能在空气里传递。她紧张得皱紧的眉头，勉强地，舒开了，舒开了……

下车时，后排座位的叔叔阿姨逗她：“小朋友，你哭了吗？”她立刻扭头，大瞪着眼睛向他们证明：我，没哭。

“好棒好棒。”我为她鼓掌。

这一生，还有多少第一次等着她呢？掘第一桶金，爱第一个人……一路上会有多少恐惧，多少眼泪与崩溃。但，一次创业失败就一蹶不振的人，是傻子；一次失恋就心如止水的人，更是。哪怕上一次怕得要死，输得一塌糊涂，下一次，还是要勇敢试试。恐惧会被洗涤，快乐像挤柠檬水，总是越来越多。

而我，但愿我能一直陪着她，为她的每次尝试轻轻鼓掌，衷心地说：“好棒。”

我的孩子，赤胆忠心地护卫我

小年升小学面试那天，我彻底地跟她发了火。

大清早去了，汗滴禾下土的天气，老师要他们在衣服外面罩上有编号的小马夹。我忍不住左右窥看：小年没有找错编号，穿衣动作也一气呵成，速度高居第二。我才比较安心。

小朋友们排成队——小年排队算快，站的位置也准确，不像有些小孩，许是不太识数或者不知排队为何物的，到处乱钻——一二三，上楼面试去了，不一会儿，一个个下来。

等在楼下的家长很快从他们嘴里知道了面试题目：爸爸妈妈打架吗？爸爸妈妈打过你吗？

我旁边的妈妈气得不行："我什么时候打过你爸？我什么时候打过你？"被质问的，是个虎头虎脑的小男孩，双手捧着块西瓜在咔哧咔哧啃，茫然抬头，眼神眨巴眨巴地看着妈妈，一脸无辜。我偷笑。他妈是个白衣素颜的长发女子，容颜清丽，如一句小诗，此刻却急得形象尽失："这，我怎么跟老师解释？老师怎么看我们家呀？"女神也会与丈夫吵架，也可能打小孩。嘿嘿，这就是传说中的接地气吧。

小年姗姗下来，我赶紧迎上去："你们在上面干什么了？老师问什么了？"

小年板着脸，不笑："老师把一个摄像头放桌上，然后问了一些乱七八糟的问题。"

"什么乱七八糟的问题？"

半晌不作声，她扭脸不看我："忘了。"

我大急，哪儿有这么几分钟就忘了的？难道她走神了，没听老师说话？我无限担忧，仿佛看到了她的小学生涯：老师在上面讲得绘声绘色，她一个字也没听见……

我提醒她："是不是问你妈妈有没有打过你？"

她很不情愿地扭来扭去，我紧抓着她："你怎么回答的？"强行把她的脸转向我，"看着我，你怎么说的？"

她的眼睛，始终不看我，百般无奈，声音很小很小："我没有说话。"

噌的一下，我火从心头起，又像被人劈开顶心骨，泼下一桶冰水。刹那间，冰火两重天，我简直万念俱灰，不知不觉间音量就提高了："你为什么不说话？老师问你，你为什么不说话？不说话是什么意思？就是没有对不对？你就大大方方说'没有'不行吗？"最后一句，完全是在吼。要不是旁边太多的家长，我只怕早已暴跳如雷。

如何喊醒一个装睡的人？即使只是六岁的小女孩儿。小年，垂眼，手里不知道在玩什么，总之，不理不睬。

我气了很久很久。她玩我的裙带，我怒："别动我衣服。"她跟我说昨天在超市遇到同学的奶奶，我毛了："该说的时候，你为什么不说？现在话这么多。"下午 4 点多，结束完一天的面试，我们疲惫不堪地回家，在楼下她习惯性地问我拿钥匙，以享受开门的掌控感。但今天我烦躁地把她推开，自己开门上去了，她一声不吭地跟在我身后。

到家后，我径直去卫生间洗手，听见家里人在问她今天的面试情况，又忍不住冲出来："你们知道吗？她居然不回答老师的问题！"痛斥一番。

再出来时候，我听见我的二姐——她的二姨问她："年年，妈妈打过你是不是？"

当然没有。但，让我意外的是，小年点了一下头。

"你觉得不能跟老师说是不是？觉得说了不好？"

像闪电照彻她的脸，今天第一次，小年脸上绽放笑容："你怎么知道？"

我目瞪口呆地看着她："你是想，"一时找不到更合适的词汇，"保护妈妈？"

像一段郁结的心事终于放下，小年满脸是笑，用力点头，奔入我怀，我手上的水滴到她身上。

啊，是的，我打过她。常常，看她自己四脚朝天地穿裤子，或者坐在床头专注看书，可爱得难以形容，像块绿豆糕一般，又甜又糯又清香。我忍不住拍拍她的小屁股，或者轻轻在她背上咬一口，她夸张地大叫：“妈妈，你总打我，还总在我乖的时候。”

懵懂的她，尚且区分不了什么是爱抚，什么是暴力。就像她区分不了辣的种类，吃到胡椒味的薯条，她笑眯眯：“这个辣，一点儿也不辣。”她误会我打过她，她又确凿地知道：打人是不好的。可不是？幼儿园老师天天耳提面命：“不能打小朋友。”孤立无援，面对陌生人的问询，她以沉默不语为我提供了最微末的保护。

听过不止一位父母说：“哪怕我的孩子是江洋大盗，我也愿意违背国法，包庇隐瞒，容他浪迹天涯。刀山我上，火海我下，我承受所有的罪责，只为保护我的血，我的骨，我的子女。”如今我的女儿是在说：“我妈妈做了错事，但我得护着她，不能让她被批评，宁肯她不知道，她不理解，就算她吼我骂我，对我发脾气，也在所不惜。”

爱到底有多少种面目？数也数不清。我们从小就玩“老鹰捉小鸡”的游戏，原来不只是老母鸡会张开羽翼，小鸡也会这样做，虽然它的翅很短很短，远未长成，只有几根淡淡的黄绒毛。我不算护犊的妈妈，我的孩子，却赤胆忠心地护卫我。谁能说，多年的付出没有回报？

而小年，正开心地满屋乱跳。另一个原因是：面试通过，她拿到了心仪学校的录取通知书。

有爱，有温饱，有亲人相伴的地方就是家

在小年班级的 QQ 群里，有位家长说到自家女儿：开学时，衣服文具都带到了学校，周末回家居然不让带回来，照旧放在教室里。小姑娘大为紧张，不停地跟妈妈说："那是我们家的呀。"不知不觉开始咬指甲，把双手都咬得光秃秃。过了好几周，小姑娘终于适应学校生活，对自家财物的安全放了心，指甲才慢慢长出来。

她问我："你姑娘（即女儿）呢？"小年还好。而我突然意识到，小年，其实是把每一个落脚处，都当作家。

我第一次带她出门旅游，当时她五岁。飞机晚点，到桂林时已近午夜 11 点，她在进城的车上就困得口齿不清："什么时候到家呀？"我抱着，拍着，哄着："快了快了快了。"到酒店，她往床上一趴，还支起身子大喊一声："到家了。"倒头睡着，澡都没洗。

每个白天欢欢喜喜地吃喝玩乐，傍晚回酒店，她也一样兴高采烈："回家了。"从桂林去龙脊，再去阳朔，每次换酒店，她都郑重告别："家，再见。"再义无反顾地投入新酒店："家，我来了。"

我带她走了好些地方。一次，她在公交车上跟我聊天："妈妈，我们在台湾的家，床好大。"举座皆惊，好多人回头看我，眼光中都写着"土豪"。我没法向大家解释：我不是侨胞，也不曾在台湾置产，只是夏天扶老携幼，沿着凤凰花的踪迹，在那座美丽的南方岛屿待了一周。她一心一意记得的那张床，在某一家汽车旅馆里。

我始终没试着纠正她："那些不是家。"因为我也不知道家的定义到底是什么。

一岁多，带她从北京到武汉，先寄居二姨家，再到自己家。那时家里人头济济，没多久，表姐小满出国了，屋子里仿佛一下子空了好多……更不用说，家里换过十多任保姆，好几任钟点工，她不断适应陌生的脸孔，不断适应陌生的人离开。

在这千变万化中，她渐渐有了自己的家庭观：地点会更来改去，人员会忽多忽少，连妈妈都不时会消失一段时间——我曾在外地工作，也频有出差应酬——但有爱、有温饱、有亲人相伴的地方，就是家。

关于这个，我也是慢慢学会。有一天我无聊自算，发现：光居住一年以上的地址，我就换过 14 个。年轻时，我以为三宅一生，是女子们固定的宿命，只是世事的迁改非人力可控。我沮丧过，黯然过，但渐渐习惯：好几个网购收货地址，每次都要确认不会选错；每个住处都有妆包、正装裙子及高跟鞋，更不用说牙刷、毛巾、拖鞋；最重要的是，每地，都有朋友。这令我不自觉是漂族，反而有乾隆下江南般的豪横。

最终我将定居何处？很可能，这将取决于小年的成年生活在哪个国家哪个城市。老来依子，是大部分中国人的选择。即使养老院，也要去一个离小年比较近的吧。

家，是中国人的宗教，居而无定者，往往也同时面临精神世界的彷徨无依。但与其带着旧时神主的残片，发出失根兰花的悲叹，不如学习榕树的强韧，它落地生根；抑或有蒲公英的自觉，好风送它一路远行，寻找下一个属于自己的世界。

小年也不是一直都适应得那么好。她偷偷告诉我，在学校的第一周，第一个独睡的夜——从出生以来，她不曾离开我或姥姥的身畔——她想念我，但忍住了，没有哭。她聪明地说：“老师说，学校是大家庭，在家里是开心的事，开心的时候还哭，多奇怪呀。”

开心之处，便是家。

我与你最深情的对望

那时小年三个月，还是四个月？

我在给她喂奶，她小小的身体完全偎在我怀里，随着吮吸一动一动，几乎能听见她大口吞咽的声音。突然间，她停了下来，抬头看我，我发现：我已经泪流满脸，也流到了她脸上。

发生过什么？发生了什么？我顶多会告诉你：产后抑郁。

我一手抱着她的背，另一手托着她的小屁股，没有手擦眼泪，也控制不了无声的大哭。泪眼模糊里，我看不清她的脸，只是知觉她用力地、疑惑地使劲盯着我，我也着急地、惶恐地盯着她看：不想让这件事成为她一生的阴影。她还不会说话，没法问我；我说也没用，她听不懂。小婴儿的视力没发育好，泪水又盖住我的视线，她看到了什么，我看到了什么，我至今也不知道。

不知道过了多久，她又开始吃起奶来。

我也曾学着育儿书上教的那样，对她甜言蜜语。当她睡足吃饱，舒服得不行的时候，我俯身对她说："年年，妈妈好爱你好爱你。"

据说，就因为婴儿听不懂大人在说什么，所以会用黑眼珠的每一束光观察大人的表情和身体语言，小脑瓜里的每一个细胞都活跃起来，努力判断：这一串声音，这个大大的笑容，这个张开的双臂是什么意思？

这一定是最深情的对望，我与她，母亲与自己的小婴儿。最后她"咩啊"一声，乐开了花，双手用力往上举，表示：抱抱我。啊，她懂了。

我与她最近一次对视就是今天晚上：我让她做数学题。她迅速做完之后，一眼都不检查，就把旁边的《唐诗三百首》拿过来看。我顿时大怒，"啪"的一掌打在她大腿上，呵斥道："不是跟你说过了吗？一次只做一件事。做数学题就应该专心在做题上，为什么想别的？"

她抚着被打痛的地方："我没有……"自己也气馁理屈，光眼巴巴看着我，眼泪哗啦啦，顺着鼻翼淌下来，淌到了嘴里。

我心里老大不忍，但脸上不动声色，继续教训："喜欢看书是好事，但是一定要讲时候……"我用心观察她的眼神，想从中看出她的心理活动，最好有悔悟、豁然开朗、惭愧……可是她就是委屈地看着我，眼里只有三个字："我没有。"

下一次对视会是什么时候？搞不好也是类似的训斥与对峙。

好多次在路上，见到接小孩放学的妈妈，一边走一边批评孩子什么，孩子哇哇大哭，还边哭边反驳，两个人在人行道上，怒火冲天地对望。这一般还是在小学阶段，青春期前后的，妈妈恨铁不成钢地说一万句，他一句都不回，倔强地偏着头。妈妈急起来："你看我，你看着我说话。"他不理，就是不理。

旁观群众如我，低头迅速走开，避免这二位当着别人的面太下不了台，冲突得更激烈。

说实话，我对未来，顶多暗暗起誓："天大的事，按捺到回家再发作。"但回家之后，能不能心平气和地交流，有没有目光的交融，最后能不能像外国电影似的抱一抱，道，"我爱你"，"我也是"？只能说三个字：我尽力。

有一档电视节目里面问过："亲人对视，多少人能坚持三分钟？"啊？我为什么要和亲人对视三分钟？

说起对视，不是"面面相觑"就是"怒目相视"。"执手相看泪眼"，美则美矣，是情侣；"尽在不言中"，仍是情侣；"怎么看你也看不够"，还是情侣，小别胜新婚，要不然就是新妈妈看宝宝。

情爱的世界，身体就是一切，深情凝视胜过千言万语，凝视后的相拥热吻更是火上浇油。

居家过日子，你爸要是没事把你叫过来，一言不发看你三分钟，你百分百得被看毛了，浑身寒毛倒竖，前半生犯过的每个错都想起来……

倒过来，你如果这样盯你爸看三分钟，估计他得脸色大变，哆哆嗦嗦：体检单上的数字怎么了？你是否要马上亡命天涯……具体什么情节，取决于老爷子喜欢看哪类型的电视剧。

反正，我应该很久没和我妈对视过了。平时不会特意去看，有事的时候，会特意不看，这“事”，一般就是说谎。有时是兹事体大，不能吐实；也有时就是敷衍。“我去做个活动”比“我出去玩”省事，否则就得交代：在哪里？和谁？到底玩什么？

忘了哪一部美剧说：“说谎者为了取信于对方，会坦然看向对方的脸，从对方的微表情来判断谎言是否奏效。”那是说谎大师吧？雷电劈在头顶上都颜色不变。我没这本事，一般都边吃东西边喝水，假装说得漫不经心，心虚得不敢看她。

而如果我妈认真地看我，一脸的“有话要说”，我更会惊惶失措，恨不能夺门而逃：“我有点儿事要出去。”那些话，多半我不想听也没办法答。

这样说来，我是个可耻的人，对亲妈都说谎——你对你亲妈有问必答、言无不尽？你敢拍胸脯这么说？

我相信我妈跟我也有过我与小年一样深情的对望，即便如此，我也不觉得心中有愧：总有一天，小年也会对我隐瞒些什么。我从没打算做一个“事无不可对人言”的人，也不强求任何人这样做。

甚至，我觉得中国家庭的弊端之一就是：容不得谎言。夫妻之间，父母子女之间，往往奢求对方绝无秘密，一切都摊在桌面上说，全然罔顾对方作为成年人的隐私需求。总觉得自己襟怀坦白了，其他人也得这么做。事实上，也许你比我纯洁，是二十五度灰；我比你肮脏，是七十五度灰。但总之，就别相对抖灰了：保护环境，从你我做起。

多少次，家人间的逼视就是逼问：说！而对方避开眼眸，就是回答：我不！

又有多少次，这逼视就是图穷匕首见：不管我的月亮暗面是什么，我都向你出柜，你将如何面对？而对方默默垂下头，或者哭得稀里哗啦。

人家的事我管不着，至少我自己不愿意这样：你不想说的，我尽量不问；我觉得你接受不来的，我尽量不说。别去捕捉我的眼神，就像别去捕捉一只受伤的惊弓之鸟。

为什么，会从母子最深刻的凝视走到这一步？因为，每个人都会长大，切断与母亲、与任何人之间的脐带。无论多爱，让我们在一生中的大部分时间，彼此离散吧。

然后，我能想象到的，与小年最后一次对望，是在我弥留之际，只是这一次，开口说“很爱你很爱你”的应该是她，而我，用眼神回应。

最后，应该是她的眼泪洒落到我脸上吧。

把父母拽下神坛吧

朋友的困境难以启齿，连转述，我都要思量很久，寻找较雅驯的字眼。

总之，就是他发现自己八岁的女儿，在网络上寻找什么。又偷偷摸摸，背着家人，做一些奇怪的动作，自己咯咯笑。目睹若干次之后，他终于鼓起勇气，问女儿在干什么。女儿一惊，像被戳穿了似的，忸怩不安，假装若无其事："没什么呀。"仰起清白的小脸，眼神不敢看他。

我起初没当回事，还笑道："是尊家的遗传吧。"

不料他郑重地向我坦露隐私："但我不喜欢那个，我喜欢的是 ABCDE，不包括那个。"

他的态度让我也郑重起来："你打算怎么办？"

他无限郁闷："不知道。"

这是病抑或不是？是先天的基因还是后天的影响？天地良

心，他坚信自己给孩子的，是最健康不过的环境。这是一时的好奇还是——我就直说了吧——终生的癖好？女儿是否会因此有一条格外崎岖的道路？一念及此，他痛得必须弯下身去。

问我，是他以为我懂得。我懂得他为人父母的无奈，却给不了他想要的答案：搜索脑内每个知识库，完全没有沾边的。我想建议他求助育儿专家——又一转念：我有一些熟人亦已转型成为育儿专家。他们的热情不容置疑，我却深知他们毫无专业背景，有些推理、论断与行事更接近怪力乱神，而不像科学。育儿这事，像大炼钢铁，没有章法的热情，只会带来更大的祸患。

到最后，还是回到起初的那个问题：他打算怎么办？他能怎么办？而也许，做什么都没有区别了。

这不是第一次，我憬悟到身为父母的无助。

我自己少年时，有很多怪异举动。有些我忘了。一次去参加中学同学会，一个男生戏谑地撑着椅背跳、跳、跳……对我说：“你再来做一下。”我才模模糊糊记起来：是的，我整个中学阶段，经常有一种突然的力量让我必须发足狂奔或者跳动不已。经常，在课间的操场上，力量爆发，我中了邪似的狂奔起来——几十米后，当我风一般经过一堆诧异的脸，我才意识到自己在干吗，尴尬地停下来。

还有些，我记得。比如：我吃了很多年的纸。平白无故地，团一张纸在嘴里嚼来嚼去，往往要到它嚼得稀烂，我才醒悟过来——啊，不对劲呀，吐掉吐掉。我起意要戒，无数次，像后来我打算减肥一样，赌咒发誓，都没有用。那时年头早，废纸亦不易得，我吃报纸，满嘴都是浓重的油墨味道；传真纸是苦的，不能吃；卫生纸入嘴就化为渣和糊，吐都吐不清爽；我的最爱就是A4白纸——这像个疯子的胡言乱语，少年时候的我，是疯子吗？

这些行为，在青春的荷尔蒙耗尽后，渐渐消失。

到这个年纪，我的问题是：如果，我是我自己的父母，我发现孩子有这么多不对劲，我该怎么办？我看不到孩子的未来，我不能预测她长大后会怎么样，我并不知道这些行为会永不再现，我必然急得上蹿下跳，心急火燎要解决，但，谁能帮助我？谁能提供给我相关的资讯？

也许我会带孩子去查个微量元素：不是听说异食症就是缺什么吗？可能买一堆钙铁钾钠给孩子吃：多多益善，不求有功，但求无过。会没头苍蝇似的去挂儿科号——我还真的就自己的童年，问过几位儿科专家。结果他们告诉我，所谓儿科，其实是“儿内科”，我这个，可能需要去儿童精神科。哪里有儿童精神科？我小的时候，国内哪里都没有。现在嘛，要去精神卫生中心，也就是——民间俗称的精神病院。我会带孩子去那里吗？我想：不会。

有一种观点是：孩子是没有错的。错的都是父母。

有一个豆瓣小组叫作：父母皆祸害。

还有一种说法是：前半生，我们被父母毁了；后半生，我们又被孩子毁了。

但我总想说，父母也是从孩子过来的，不是生来就会做父母。父母与孩子同龄，是从喂奶、换尿布、洗澡，从孩子的第一声哭、第一颗牙，一点点学会如何爱一个人，照顾一个人。所以，在孩子最需要父母的早期，每位父母都是新手上路，一窍不通。

也许应该培训上岗？强制准父母上个育儿本科。但只怕文字背得滚瓜烂熟、习题全对，也是纸上谈兵。就像驾校满分一次通过，第一次上路也胆战心惊，第一年往往会扣满 12 分。高科技时代了，我有个设想：不如用 3D 打印机打印一批模拟宝宝，给准父母们实习机会，先练手个三年五年。可是，模拟宝宝可以质检，有先天缺陷的就不发货了，真实宝宝做不到。

我有个朋友，披头散发地向我诉苦，她在海外，唰唰唰，生了三个孩子。前两个孩子，她在微博微信上自信地写了大量的育儿文：如何培养孩子的自信？如何鼓励孩子交友？如何让孩子不哭……但这一切，在第三个孩子来到的时候，全部破产。

小婴儿总是皱着眉，警觉地看向全世界，包括亲妈。三个月时，饿了，大哭，她母乳送到，小婴儿梗着脖子拒绝，哭得更悲怆了：你怎么不能在我刚开始饿的时候就出现，一定要我告诉你，你才知道？你不爱我。四个月加辅食，小婴儿一定要看到她先尝一口才肯赏脸张嘴。半岁时，她离开，小婴儿号啕大哭；她如期赶回，小婴儿更哭得要背过气去，不仅不扑入她怀抱，还推她打她：走开走开，你走了，就别再回来……儿科医生无动于衷地说："婴儿本来就有一型是难养型，你这个孩子更极端一些，大概在婴儿中占 1% ~ 5% 的样子。也许，长大就好了。"

该怎么教育？怎么对待？她说，她翻烂了所有书籍，里面只说“要耐心”。她吐槽道：“这和多喝水有什么区别？”

也许过几十年，在这个孩子长大后，新的育儿理论会出现，救束手无策的母亲们于水火。但我的女友没法穿越到那个时代，她只能尽力——但无论如何，也不可能做到最好，因为她不懂，她能力有限，她有知识与时代的局限性。

她有错吗？大概她的错，就是生早了若干年。

我反对“天下无不是的父母”的说法，我也不接受“所有错皆属父母”的指责。

我同情孩子们的脆弱：当他们在生命的早期，彷徨无助，得不到正确的指引。但我也不能不原谅父母们的无助：当他们走在人生的低谷，既要养育孩子的身体，又要料理孩子的灵魂。而灵魂是那么幽深隐秘的事物，即使亲为父母，也难以进入，无法触及。爱不能化为理解，理解丝毫不能缓解无能为力的痛楚。有一种绝望是，当他们看向孩子的眼睛：我该怎么办？孩子如天上的神祇，只给出暗示，不给答案。于是他们左试试，右试试，搞不好就越做越错。

唯一的庆幸是：绝大部分孩子都会健康长大，长大到能抱怨父母的年纪：“如果当年我妈不逼我学理科……”“如果那时我妈懂一点生理卫生常识……”

我承认，我也抱怨过，也自然而然地说过：“你们呀，一点都不懂儿童心理学。”——他们凭什么应该懂？在他们的时代，全社会都不懂呀。所以，如果若干年后，我的孩子抱怨我，是我合该。

那不宽恕人的，也不配得到人的宽恕。

母亲，不能对孩子上瘾

有一个秘密，你可能觉得很想不通，就是：母亲，会对孩子上瘾。

这是真的。

他们都说，母亲提供给孩子的爱，是孩子一生的摇篮，是孩子的出发之地，也是孩子的回来之境。知道能有人，无条件地爱自己，让孩子一生心安。

但这不是全部。母亲不都是圣母，完全不掺杂私心杂念的母爱，可能不存在。有许多一般人不敢想的“如果”，会像消防器箱里喷出来的白雾，彻底地熄灭爱的火焰：如果母亲颠沛流离，每天累得身心交瘁，还有爱孩子的力气吗？如果母亲遇到巨大的经济困顿，为了孩子必须死撑到底，这是伟大的，但她心里会偷偷抱怨这个小包袱；如果孩子生而有病患，带给母亲的烦恼注定比喜乐多，让母亲一往无前地爱，好难。

真正无条件在爱的人，是孩子。

一位朋友去幼儿园接孩子，羡慕老师那娉娉婷婷的身材，对孩子真心吐露。孩子顿时不依了，摸着她的大肚腩，很有信心地说："像妈妈一样，圆滚滚的，最好看。妈妈，你是我的大白。"

我另一位朋友人到中年，事业低谷，她有时沮丧落泪，有时莫名焦躁。但无论她在哪种状态下，她的儿子都很愿意过来抱抱她，偎在她身边。儿子身上的奶香，比所有香薰都让她安定。她说："我自己都觉得我全身透着 loser 的颓丧气质，只有我儿子不嫌弃我。"

每一次我去学校接孩子，看到操场上乌泱泱的家长们，大部分都是母亲，只有极个别是兴头头的年轻人。每一位母亲都有瑕疵，有的过于强势，有的满面倦容，有的简直从头顶到脚底冒傻气。难得有一位是无懈可击的美人儿，肤如宋瓷，却有浅浅一条斜纹，斜斜穿过她的左面颊，不是伤疤，不是胎记，只是一道旁逸斜出的皱纹，提示给我们，岁月也一样刀劈斧砍过她。

但是当铃声响起，一批批孩子像鸟儿出笼一样奔出教学楼，远远地，看到他们的母亲，一张张小脸立刻就像被照亮了一样——我知道，那是爱。

全世界，孩子只爱母亲。

全世界，孩子最爱母亲。

孩子给母亲的，才是无条件的，独一无二的，最爱。

这样的爱有多珍贵呢？年轻人可能不能理解。

我们这一代人多半是多兄弟姐妹的。父母再公平，再对孩子一视同仁，很多人，从没有吃过一整个苹果，它要精确地分成好几份；鸡腿一定会被切成小块，否则难道要上演“二腿杀三四子女”的惨剧吗？尤其是排行靠后的孩子，难得穿过新衣服，都是老大新三年，老二旧三年，到老三，缝缝补补又三年。

许多朋友告诉我，他们生命中第一张单人照，是小学毕业证上的登记照。

所以，如果在人海里，我们感觉孤单，那是因为一滴水在海里，没人看到它的存在。

然而，不是每个人都能一帆风顺，遇到挚爱，同时也被对方深爱。有时候，他不是不爱你，但他也爱别的，另一个妹子、手游、创业。如果这爱是数列，你总没机会成为排头兵；如果这爱是蛋糕，总有人要跟你分享。

每一次落败都是一次巨大的否定：老师可以否定你的学习成绩，老板可以否定你的工作能力，但只有这个人，这个你深爱而不够爱你的人，可以否定你的一切：你的美，你的善良，你的聪慧，你给出去的比大海还要深湛的爱……

这种时候，孩子的到来像一种拯救，因为孩子给出了母亲一直想要的：独一无二的，最爱。

我见过太多寂寞的母亲，生活中有无数的失意，事业不得志——很多人是谈不上事业，只是混口饭吃；婚姻过不下去，感情一片空白。外面的世界向你板起晚娘脸，只有孩子，给你最温暖的笑容和拥抱。

母亲就这样对孩子上瘾，你的心伤，依赖孩子治愈。

被爱多么幸福，被全心全意信任依托，让人错觉自己是全天下最重要的人。你乐意长成矮树，让荏弱的孩子如青藤般依赖成长。山中只见藤缠树，世上哪有树缠藤？但在这样的亲子关系中，树与藤彼此纠缠，难舍难分。你甘心祭全部血肉，为孩子提供养分；为了孩子的未来，你放弃自我；你愿化作春泥，只要与孩子永不分离。表面上，这是伟大无私的母爱，但其实是一声一声的呼喊：爱我，别离开。

别急着感动，急着热泪盈眶，瘾君子才会对一生心魔这样痴迷。

只是，你若是树，来自你血脉的孩子，也是一棵树，也要从地面重新出发，用自己的树根枝丫吸取天地精华，用自己的满头绿叶完成光合作用。如果一直生长在母树的阴影下，只会因为接触不到阳光而发育不良，矮瘦枯干。

婴儿呱呱坠地后，脐带必须剪断。

无论母乳的营养多么全面，至多两年，一定要断奶。

分离注定要来到。一个人的至爱，本来就不应该是母亲。就像江河注定要离开白雪皑皑的山顶，头也不回地奔向大地。如果你的一生，最爱的是某个异性（或同性）与孩子，那么，你的孩子也是。

不曾被全心全意深爱过，是你一生的恨事，很痛，但你得自己降伏它。要么忍着，要么试着自行疗愈，不能把孩子当作从天而降的驯兽师，也不能把孩子当作不可或缺的镇痛药。

02

我只能陪你到这里

我渐渐地，明白了生命的循环往复：我拥有过小年，正如我的父母拥有过我。脐带剪掉的刹那，分离就已落地生根。这绝不意外，这就是人生。无论多么深爱，能在一起的时间，都如许短暂。握得再紧的手，也有人用力断然抽出，有人无力颓然垂下。但，哪怕我的肉身已不可触及，请容我，以光以电波以你的思念，存活。爱永远不会走开。一切可变，唯有生你的人、你生的人，永远与你在一起。

我一定会继续前进

游泳班的最后一堂课开放，家长入内，人头攒动，都捧着摄像机、照相机——至少是手机狂拍，我好不容易才找到了小年：像她参加的大部分课堂一样，她总是个子最小的那一个，排在队尾。

蜗牛好像很少成为绘本题材，但如果有一本叫“蜗牛小姐”的，形象一定就是小年这样：细胳膊瘦腿，纤细脖颈骄傲地扬着。背浮对她来说太大了，粉粉的，扛在背上，像个壳。

跳水时，人家都是哗啦一声、水花四溅地跃进池中，只有她，迟缓地蹲身、伸腿，慢慢滑进水里。然后双腿拼命打水，比奥运会还来得激烈——好久好久，才挪动一点点。

老师要求：“游到梯子的地方再上来。”她的小同学们三下两下都超过她，游过大半路程，就潇潇洒洒爬上岸来。小年被甩在很远很远的后方，水声滔天，几乎不动，有大白鲨的声势，却是蜗牛小姐的速度。

我在其他人上岸的地方，等着她。她却绕开我的手，继续向梯子游去。这是最靠近池边的一条泳道，此刻只剩了她和她努力拍动的双腿。她个子实在小，再用力些，水花也不过像香槟乍开那一刹那，曳开的喜悦。我看着她小小的背影，一分一分，一寸一寸，向前方扑腾着。

记忆里，忽然又浮起一个背影，与此刻的她叠在一起：那时她才一岁多，一直是我陪她睡。一次我出差，家人觉得她一个人睡床很危险，趁她睡着，把她移到床旁的地垫上。她半夜醒来，迷迷糊糊间发现自己在床下，理所当然认为是从床上掉下来了。于是不吭不哈，往床沿上一趴，锲而不舍地爬呀爬呀爬呀爬……爬不上去。这无用功，直到家人把她抱上床为止。

我不曾在场，却老觉得亲眼一睹，这一幕我永远忘不掉。

我对朋友说起，朋友说："她长大后会比较辛苦。"这不算坏话，却也委实不像赞美。我愣了半天，不知应对。

也许我真正记得的，是她舞蹈课上的背影。

她大概像我，天生铁骨铮铮。老师指令："元宝腰。"有那柔若无骨的，身体紫薇花般打开盛放。她却后仰得十分吃力，头拼命向后探伸，颈子拉得长长长……"咕咚"一声，摔个倒栽葱。我站在教室打开的门外，不及反应，她已经一声不出，迅疾爬起，继续努力做动作，老师轻轻扶着她。我远远地，看着她满头短发全倒垂下来，小小的脸向天花板仰起，最高处是鼻尖，凝着一粒汗珠……

放学时，老师特意说："今天要表扬小年，她很刻苦。"伸出双手大拇指。课后，小年问我："刻苦是什么意思？"五味杂陈，我居然答不上来。

或者，我其实看到的，是我自己。

我是个笨人，且笨拙得很整齐，像童话故事里的熊博士布鲁姆一样，事事不灵：我运动能力为零，至今没学会开车；语言能力弱爆了，在武汉生活 30 年，还不会说武汉话；一生不懂察言观色，情商是我永远学不会的功课……我最大的遗憾之一就是：我喜欢写，却没有天赋。

谪仙都带着才华，是他们隐形的翅翼。这是上天的礼物，求不得。我只有努力地扑腾：认真阅读，细致地体味人生；那最苦最咸的滋味，会让人大哭逃走的感受，我也一一品尝；一直一直在练笔。距离不过是时间乘以速度，不能提高速度，就增加时间吧。就像小年，她慢，她还是接近终点了。不必丈量蜗牛小姐身后的黏液小径，有时候，它也能穿越地球。人生，也靠拼命，也靠长命。

小朋友们已经第二轮下水了，小年混在他们中间，顺利抵达彼岸，出水刹那，是我见过最明艳的小小芙蓉花。“Hurray！”我没有喊出声，心里却比出一个无形的 V 字。

她吧嗒吧嗒往起点走。她现在还是海星班——海星只能在海底爬行，然后是海马班、海豚班、银鲨班。有一天，她会是纵横四海的美丽蓝鲸。

不放弃的她会很辛苦，正如我。但辛苦就是幸福的谐音，用十分的辛苦，终归能不能换回多一分的幸福？有一首偶尔听到的歌，给她给我：“四道强风寂寞地吹，七海波涛汹涌，一切不变的事不知变得如何，我一定会继续前进。”

是的，我们都一定会继续前进。

我终将一步一步失去她

她曾完完整整是我的。

我从“动”开始认识她：一直以为，胎动会是莽撞的拳来脚往，像动画片哪吒闹海或者看不到的大闹天宫，却往往是，某一大片肚皮，悄悄拱起来，手感软中带硬。胎儿在做什么呢？轻抚我腹，大惑不解。那突起在我手里静定一会儿，无声平下去。

小年出生，仅重 2530 克，娇小如拇指姑娘。我妈才恍然大悟地告诉我，女孩儿的胎动就是如此。力气小，伸手蹬腿我根本一无所觉，我感受到的，是她在翻身。

那时，小年正被搭在我肚子上酣眠，一动也不动。我仰躺着，看不到她，只恍觉她仍是我的一部分。我是亿万年前、深沉的云梦泽，她是新生的岛屿，在我体内的黑泥潭里翻滚过，终于破土而出。

我烦过她：一晚又一晚，她睡在我身边，喝完睡前奶，讲过睡前故事，还兴奋莫名，翻来覆去，在我身上拱爬不已，说：“妈妈，我要和你靠得近近的。”我困极了，却挣扎着保持清醒——电脑像懂事的哑妻，任自己融入黑暗，屏幕、主机和键盘上的灯却都亮着，提醒我：还有那么多未完的工作。她到底几时才肯睡？

黎明破晓，她与天光俱醒，朦胧间听见她的哼唧声，小手执着地摸弄我：“妈妈，我要尿尿 / 喝水 / 下地……”如果此刻不撒尿，待会儿只怕就得换床单。睡意像山中老人般力大无穷地踞坐在我身上，我实在爬不起床，多么希望有人能把她抱走，带她如厕，塞给她一杯奶，让我再睡五分钟就好。

我是不是正在渐渐失去她？她快六岁，开始迷恋阅读、画画、电视里的《蛋糕甜心》。我发出邀请：“跟妈妈去散步。”她趴在地板上专注画画，目不转睛：“你自己去。”画画比妈妈重要吗？当然，当初年轻的我，把一切：学习、寂寞、闺密、“爱情”……都放在家人之上。

她终于尾随我出发，上楼时呼哧呼哧着，还在滔滔不绝，明显不是和我说。我诧异地问她：“你在跟谁讲话？”难道是美国电影里有的，孩子们为自己发明创造的朋友？她答：“我在自言自语。”“说什么呢？”她认真地白我一眼：“不告诉你。”

我悲哀地看到了，她与我的将来：吵架。我也许歇斯底里，她总有一天爆发大吼：“又不是我让你生我的。”我为她的感情生活患得患失：她开心，我害怕那不过刹那烟花；她心碎，我估计想把某人碎成千万段。她一高兴，就走得远远的，行万里路，读万卷书，偶尔突发奇想，为我买一件用不着的廉价破烂纪念品。而我的想念，云锦一般，迤逦铺陈……

要我承认吗？我看到的，其实是历史，我与我父母曾共同走过。

七岁那年，从东北迁徙回武汉。居住环境陡然逼仄起来，爷爷一个人住四平方米小间，大间里，父母一张床，我们三姐妹一张床。我最小，耍赖，每晚都爬上父母的床，父母也纵容了。却为什么，每天早上，我总揉着眼睛，发现我在两个姐姐身边？

他们是顶温和顶明白事理的父母，我妈甚至鼓起勇气对我们进行了一次性教育，我一听就大为不屑——她知道的，似乎还不及当时的我。并不是父母开明，孩子就能和他们做朋友。我照样“心有千千结”，日记本里无限呓语。我虚构出来的少年名字，害我妈胆战心惊去学校打听，我更看不起他们了：这是小说！

我长大到自以为能够闯荡江湖的年纪，就一往无前去了。陌生的城邦，吃力地想寻找一丝熟悉的暖意。心底冷得生了冻疮，疮疤里有恨有怨有悔，不再流血，只是化脓。而我一回头，发现我的父母，在远方，为我焦灼莫名。他们无声在问：到底发生了什么？我只选择沉默。我所经历的，我不希望他们懂。

我渐渐地，明白了生命的循环往复：我拥有过小年，正如我的父母拥有过我。脐带剪掉的刹那，分离就已落地生根。我终将，一步一步失去小年，小年总有一天，会彻底失去我，正如我失去我的父亲。他，小年的外公，离开我们，已经十年。

这绝不意外，这就是人生。无论多么深爱，能在一起的时间，都如许短暂。握得再紧的手，也有人用力断然抽出，有人无力颓然垂下。但，哪怕我的肉身已不可触及，请容我，以光以电波以你的思念，存活。因为我的父亲，就是这样，永远在我生命中。

爱永远不会走开。一切可变，唯有生你的人、你生的人，永远与你在一起。

第 1002 夜，山鲁佐德好寂寞

那 1001 个不能睡的夜，山鲁佐德究竟如何度过？故事永远说不完，是神龙见首不见尾，顾自摇曳生姿，而她，眼皮盖下来，像块发好的面团，舌头是缓缓凝固的拔丝，拉扯不动。眼前国王的脸，一会儿变大，一会儿缩小……会不会刹那间只想豁出去：谁管你是不是国王，老子不想讲了。

我说过的故事，比山鲁佐德还多一夜。而我伺候的，并非国王，乃是敝府的小公主：小年。“夜深了，你还不能睡，你这样折腾你妈为哪桩？”小年出生后，流行歌曲就被我改成这样。

洗过澡，喝过牛奶，把被角掖到下巴颏下，她心满意足地发话：“妈妈给我讲故事。”从一两岁起，这就是她临睡前的必修课。无论讲多少，她都不甘心：“好短呀，讲长一点儿。”小手指向无尽虚空，代表那看不到头的“长”。

《龟兔赛跑》几十回，又复赛，又决赛，最后冲刺奥运会，升国旗奏国歌了，她仍不依不饶："没完没完，后面还有。"我终于烦了，大喝一声："睡觉。"她哇的一声大哭起来。我拿被子蒙头，假装听不见，过一会儿摘下被子一看，她脸颊带着泪珠睡着了。

大概她也发现人不能控制故事的长度，单能控制故事的宽度，于是改为加量："妈妈，你每天讲三个故事。"从《爱漂亮的小企鹅》《被遗弃的小山羊》一直讲到《住在山上的牙仙子》，目录拉出来就是一部书：《从 A 到 Z：瞌睡妈稀里糊涂诌故事》。

她喜欢的故事，连听几十遍，每天才捧着奶瓶就问："今天还是小企鹅吧？"到现在我才同情那些无限抄袭自己的作家：一遍遍照本宣科，即使读者百看不厌，写的人不烦吗？

她动不动指正我："你都讲错了。"甚至故事讲完良久，她还坐在那儿生闷气："你讲的不是那样的。""那样"是指书本、电脑、收音机或者电视机。我懒得跟她解释故事的多个版本，说故事人的随机应变或者我困得只想用三句话说完《灰姑娘》，吼得有气无力："……睡觉。"

终于抵受不住她的纠缠，我开始现编："从前呀，有个小宝宝，叫小年，她不乖，她不肯睡觉……"她半惊半疑地看着我，意识到我在编排她，不知何以抵抗，就找碴儿："我不要听人的故事，我要听小动物的。"我板着脸忍着笑："好，从前有条小狗，叫小年。"她大叫："不叫小年。"我说："好，叫小汪，小汪不乖，不肯睡……"她终于，沉沉睡去。

倚马千言算什么本事？七步成诗有什么了不起？睡在她身

边，我随时舌绽莲花。《不会放屁的大恐龙》，是她的最爱，每听狂笑不已。还一本正经地告诉家人："小朋友总是要犯错误的，只有大恐龙，才很乖很乖，连屁都不放。"《大白猫和小灰鼠》：她是天真美貌的大白猫，生来就是猎人，但，她有她的孤单，猎物易求，朋友难得；而他，是狡狯的灰鼠先生，永远衣冠楚楚，总是笑容可掬。他是真的愿意和她做朋友吗？吃不吃，杀不杀，朋友能不能做一生一世……这故事随着我当天的心境、际遇、我的恋爱观与友谊观日日不同。

她学围棋，我随口就来一个《小猫丁丁学围棋》，她听后一直问我："小猫丁丁在哪里学？是我们学校吗？为什么我没看到它。"她学英语，现成的就是《小兔杰瑞学英语》，这次她发现其中有诈："小兔杰瑞不学英语。"我问："为什么？"她说："因为它叫杰瑞，本来就是外国兔子。"……被她打败了。

无数次，我一边用最温柔的声音说故事，一边五心不定：一个未定型的构思；明天要交的活；遥远黑暗里响起手机短消息的声音……我非常焦躁，想迅速结束这催眠之旅。我觉得我快将一生浪费在这些无聊的小浣熊、小猫鼬和小什么什么上。

多少次，我听见自己的声音，像挂在墙上的水滴，沉闷地坠下来……陡地惊醒，世界是匀净的呼吸声。轻轻挪开小年压在我身上的手脚，我又起身回到电脑前——一天之中，真正属于我的，无非是小年睡熟、我还清醒的这几个小时。

说不清几时起，小年不那么需要我讲故事了。有时她听电脑上的音频，有时她自己翻绘本。慢慢地，她能抱着一大本给我们朗读了。一字不错，我们都鼓掌喝彩。只是，书里的小朋友为什么叫“菜西”？我探头一看，是“莱西”，小年不记得那个“莱”字。

有一晚，屋里还灯火通明，我却突然意识到这安静不可思议：卧室里，小年正坐在床上，把《绿野仙踪》和《秘密花园》都摊在面前，举棋不定。终于选定一本，摊开来，专注地看了起来。大概是看完一个段落，她满意地合上书，关灯，睡觉——一眼也不曾看向站在门口的我。

突如其来的，新生的黑暗令我一步也不能移动：她，不再需要我了。

她已经五岁了，她长大了。曾经我就是她的全世界，渐渐变成世界中心，又渐渐离中心远了那么一尺……到现在，我大概还沾得到一点中心的光。那些临睡前的困斗，之后都会成为最昂贵的回忆：不会重来，永不雷同。即使我再生一个孩子，属于她的那一份，总是独一无二。

很惭愧，我曾经真心实意地烦过。我不必对任何人说抱歉：宿命及选择，令我同时身兼数职，我很困难地，在每个职位上都竭尽全力。包括，给小年做妈妈。我太累了。

我从说故事的苦役里被黜免，我应该非常欣慰，只是，大恐龙会伤心吧？小灰鼠露出沮丧的苦笑，而小兔杰瑞，它没来得及学外语，它甚至一次都没出现在她生命中，就被淘汰了。

而我，是第 1002 夜的山鲁佐德，感到了，微微的……惆怅。

小棕熊城市历险记

元宵未过，已经一派春风。还在年假里，正午时分，城市难得空落落，仿佛它也在伸懒腰，打个小盹儿。路旁盆栽含苞，小小紧密的花苞里透露一抹嫣红，如一支大号狼毫刚刚墨酣笔饱，即将一挥而就。有蝴蝶在上面时停时歇。

小年跑去看了一会儿，心满意足，仰头对我说："那蝴蝶我认识，书上有这样的。"又问，"这是什么花？"我仔细端详了一会儿："可能是山茶。"她叮嘱我："你回家上网查查。"

我们俩，沿着人行道随意走走。她惆怅起来："我们干点儿什么好呢？玩小棕熊游戏得好多人。"我说："你给我讲个故事吧。就讲小棕熊吧。"她眼睛一亮："好。"

故事这样起了头："森林里，住着小棕熊与它的好朋友小母熊。有一天，小棕熊对小母熊说：'我们去历险吧。'"

小年前后左右打量着："……于是小棕熊和小母熊就上了街，

看到超市（我：？）、卖香肠的（我：！）、博物馆、公共汽车的牌牌，它们走到了游乐场！”

我鼓掌：“好棒呀。然后呢？”——请原谅我鼓得半心半意，我原以为她会说：大草原、声音、森林或者金发姑娘。

她受到鼓励，更高兴了：“小棕熊说：‘我们玩旋转木马吧。’小母熊说：‘我们还是玩那个，就是会喷水的、转转的那个……’”我提示：“海盗船？”“小母熊说：‘我们坐海盗船吧。’”我泼冷水：“售票阿姨问：‘小棕熊、小母熊，你们有钱吗？’”钱：这真实世界的必杀利器，足以震撼抹杀所有的幻想。

但小年没有被这个坏心眼的妈妈压倒：“有个小朋友说：‘来，我给你们钱。’小棕熊和小母熊就拿着小姐姐的钱，坐了海盗船。然后继续去历险。小母熊说：‘我们去吃蜂蜜吧。’但它们还是没有钱……”

我又跳出来插一杠子：“不能总跟小朋友要钱。小朋友的钱都是爸爸妈妈上班赚来的，很珍贵。”

小年真的被难住了：“那怎么办呢？”

我心一软，启发她道：“不过，小棕熊和小母熊可以去劳动呀。比如说，发发广告什么的。”

小年欢呼起来：“我最喜欢拿广告了。”每天从幼儿园回家的短短路上，她最后手里抓一大把“海滨豪宅”“孩子成绩不好不用愁”“买四送一”……她自豪地说：“这都是我的地图。”

总之，小棕熊、小母熊发完广告，换来钱，吃了蜂蜜。小年的想象力行将用尽，我于是略尽绵薄，说：“它们往前走，看到一个漂亮的大房子，上面画了好多小猫、小狗、米老鼠……这是什么地方呢？”我觉得我给了足够的暗示，我以为小年的答案会是“城堡”“天堂”，至少“幼儿园”，但小年大声道：“某某某英语培训机构。”我直接颓了。她兴致勃勃讲起小棕熊、小母熊唱英文字母歌的情景：“ABCDEFG……”

这就是城市孩子的生活，先看过书上的蝴蝶，才看到自然界的；历险，不过发生在各种交通工具之间；没有免费的午餐，当然也不会有免费的游乐场；要得到蜂蜜，不与蜂儿们斗智斗勇，只需要：钱钱钱。美丽的大门里，是“英语培训机构”。

对生命，我抱着乐观态度，我永远相信，我的孩子，也是“世代相传的奇女子中不可或缺的一员”，但大幕拉起时，我骇然发现：场景变了。她所面对的舞台，是我陌生的。我想蹲下去，以小年的视角，以小棕熊的眼光，重新打量：该用什么样的人生智慧，引她入围？那些我自己也玩不转的场合，我能教她什么？

我满怀心事，而阳光照得人浑身轻暖，小年满口嚷热。我帮她剥了外套，她身轻如燕地跑起来。看着她飞奔的身影，我还是忍不住轻笑：小棕熊，去历险吧。这是你的城，你的邦，那些看不到的诱惑，触不及的危险，都在哪里？那些我错失过或者不曾遇到过的美好，都在等待你的发掘。

好心的小姐姐，会遇到；甜而又甜的蜂蜜，总能用劳动换取。

上学的头一周

小年拖着书包下车，看到我，第一句话：“妈妈，我要拉屉屉。”

这是她在寄宿小学的第一周，她在宿舍里住满了六天。校车说4：20到，我3：30就出发了。眼巴巴地，看向高架桥来的每一辆车。

不要问我为什么六岁就送她上寄宿学校。户口、学区、对未来的期许、爱与责任的艰难……千头万绪，归结成一句话：没本事拼爹的家庭，只能教会孩子拼自己。

现代人生活的隐喻，就是门前的大马路，不管四车道、六车道，总之，上了路就不能停，也不可以随时改变方向，错了也得一直向前，直到路口才有变道的可能性。

就这样，马不停蹄地面试、复试，匆匆忙忙去交学费，生怕晚十分钟就被人顶掉。照着通知书上的条条款款去办手续，等待老师家访，开第一次家长会……送她入学的那一刻，我以为我会哭，或者她会哭，但是刚迈进教室门，老师就从我手中接过她，她立刻被四周的张灯结彩吸引住，不知不觉走进去。而老师一分钟都不让我停留，我想看看她坐第几排都做不到。

走出来，两手空空，左手没有箱子，右手没有娃。无羁无绊的感觉，难言悲喜，只能说：好陌生。太阳明晃晃地挂着，黄黄红红；校园里尘土缓缓扬着，有一种浅淡的哀伤；到处都是小朋友和家长，在照相，在互相大声招呼，“走快一些”，走快了，就为了早点儿分别吗？

以为把她送走，能专心做事。墙壁却像宇宙边界般向外延展，屋子里空得像拔掉龋齿后的牙床。谁忘了关灯？正准备吼人，想起来：没别人，忘关的就是我自己。她在干吗？第一个在家庭之外，与陌生人同眠的夜晚，她能睡着吗？早上会不会赖床，任性哭闹？好在给她剪了短发，不存在梳辫子的问题。上课能适应吗？ 40 分钟不能说话，不能下位，不能如厕；秋高气燥，她记得喝水吗？不会被烫到吧？小学五年级，我还曾经被一整杯沸水烫到。没事的，学校用的是直饮机，水温只有 30 摄氏度。

我说服自己：没有孩子缠绕做借口，至少要写半部红楼。但头脑和文档一样空白，像蝗灾过后的土地，片叶不剩。我一遍又一遍刷新论坛：老师有没有贴孩子的照片？我不断泡在家长群：我两眼一抹黑，总有人手眼通天接内线……百忙中还看美食论坛：周末给做点什么，好好补养一下。在超市直接花了眼：鳕鱼单价从二十多到五百多，比大师杰作与初学者的涂鸦更加天悬地隔。有人建议我“只选贵的，不选对的”，我咬紧牙关……拿了个单价 98 元的。比上不足，比下有余，是我们这等人家的追求。

思念是：在床上翻出一只她的小袜子；暑期老师送的《朗读手册》，厚厚三大本，她还没来得及看；花盆里她种下的勿忘我，我每天辛勤地浇水，终于有一天我妈告诉我，发芽了，但可能已经被我淹死。

这不是我与她第一次分离，但之前是我为了生存四处奔命，幼小的她，只能倚门望母。那时我说，劝君莫打三春鸟，子在巢中盼母归。现在，展翅高飞的是她，在家里翘首苦盼的，轮到了我。

我甚至仿效古风，“临行密密缝”。当然不是制寒衣，只是把网购的名字贴一个个缝在她的书包衣物上。我偷懒，袜子只缝一只，反正是成对的，找到了一只，另一只也就有了。但，我现在突然想到：万一不幸有个小朋友的妈，与我在同一家店买袜子呢……

时间像弹簧一样抻得很长，又啪的一声回弹到我掌心。周五迫在眉睫了，我慌慌张张给校车老师打电话，买最后一轮菜，提前两个小时确定校车停靠点……

快 5 点，车缓缓停下。车门打开，我看到小年，拖着比她身量小不了多少的书包，一格一格，专注地下台阶。到最后一格，抬头看到我，满脸绽开全是汗水的笑容：“妈妈，我要拉㞎㞎。”

在附近不远的酒店找到了卫生间，她蹲着，东一句西一句跟我讲：“我还没有交到好朋友……军训那天下雨了，哈，张老师说我们冒雨行军很坚强……饭我吃不完，每次都剩……”很艰难地用着力，忽然迸出一句石破天惊，“我这星期没拉㞎㞎。”

我大骇：“为什么？”

她看着我，不明白我的问题。但小朋友向来如此，既然你问，这件事就该有答案。她会从脑子里的不知哪个时空，拽出一个大人会觉得莫名其妙的解释：“因为，卫生纸放在寝室里。然而寝室一共只有两个卫生间，一个洗澡的地方，有 30 个人。教室里没有纸，也上不了。”宿便排除，放松的表情几近幸福。

晚上在钢琴老师处，遇到另一个也上寄宿的小朋友，互相问：“还适应吧？”我苦笑：“一周没大便。”那边的奶奶是大家闺秀，说私密话题用手掩嘴，压低声量：“我们家这个也是，一星期没有。一下车就拉了两次。”

晚上家长群里，万头攒动，谈的都是大便问题，都是同一个问题：一周不大便。一个说：“那怎么排毒呢？”另一个说：“我问我儿子，你不憋得慌吗？他说不憋。”再一个说：“不排毒会长青春痘和粉刺吧？”大哥，你为子女计划得也太长远了。

我想，我是明白的，紧张，对新环境的无知，骤然与家人分离的焦虑，无法以语言表达，用眼泪化解，最后成为沉在胃里的石头，哽在肠里的食物。就好像，这六天，我手足无措，老觉得缺了什么人什么事。

这是我与她共同经历的头一周，从各自的生命据点出发，像每个小学生都要做的“相向题”：一个大人，一个孩子，面对面行走，会在何处碰面？而我深知，不管她会不会越走越快，我越走越慢，我们总会在同一个地方相遇。

顺带说一声：第二周，她大便了一次；第三周，两次。看来，人是天生有适应性的生物。

白尔依山尽

龙应台的《目送》里面，提到她的父亲，老年抑郁，渐渐丧失神志，却还记得要教混血的孙儿们“白日依山尽”。

这首诗，我爸也教过我。那时我大概四五岁，坐在他自行车前面横杠上，他推着我，过一座桥。是下班时分吧，从工厂出发，前方是红彤彤的太阳，慢吞吞地往下掉。家在桥的那一头吗？不知道。儿童尚不曾建立坐标概念，记忆中的家是一个小院子，像地球尽头最后一个小镇，或者动画片里的森林小屋，与世界无往来，也不需要道路。

一定是，他指着夕阳，启发教学：“白尔（四声）依山尽，房河欲海流。”想必是声情并茂、循循善诱。我呢，三两下背熟，却一直不知道到底念了些什么。

直到小学三年级，进入20世纪80年代，整个社会从文化枯竭中缓缓复苏，爸排了一上午队，为我买回《唐诗三百首》。我很快把线装书翻得稀巴烂，某一个石破天惊的瞬间，反应过来：可不就是千古名句“白日依山尽，黄河入海流”吗？我熟极而流的，是黄陂方言版。我爸，是黄陂（武汉近郊）人。

关于黄陂话，有一个武汉人都晓得的笑话：“八月十五吃月饼喝热茶，越吃越喝越有味。”笑点何在？“月热越”同音，效果可想而知。

我爸绝不是语言天才。他十几岁离开家乡，还在东北生活过十几年，也下过功夫练普通话，大场面上慢慢说，能说出俗称的“弯管子普通话”。但居家过日子，仍然是怎么舒服怎么来，于是一生都有浓厚的黄陂腔调，乡音不改，直到鬓毛已衰。

而类似的发音，竟在我女儿嘴里听到。小年两岁多的时候，能说出五六个字的话，却喊不清楚“姥姥”，永远喊成“袄袄”或“恼恼”。我很担心她是大舌头——唯一借以安慰自己的是：据说产后 42 天检查会涉及此项，一旦发现，一剪下海阔天空。既然医生没动刀剪，说明她不是。

一趟一趟，我抱着她，或者听任她连滚带爬地上楼。离家门口还有半层楼，她就开始热情万丈地喊“恼恼，袄袄”。我立刻想起爸一辈子不屈不挠的黄陂话。只是这一老一小没有见过，小年出生之前，我爸就去世了。

我想念我爸，我没有放纵想念，也没有克制它。伤痛渐淡，我以为它终会过去，却不料想念成为生命的一部分，像残肢的断茬，不再疼，却时时刻刻提醒你：你的缺失，你永远实现不了的完整。

口音会遗传吗？一如其他的事物。

文字和语言，或者是两个系统。我纵使能操弄文字，却和我爸一样执拗地不改初音。我曾在若干省份都长期生活，至今没学会任何一种方言。每个居处的耳濡，只是胡椒粉、香菜叶，撒在我本来口音上，稍微润饰它的滋味，最后是南腔北调、甜汤加酸。

这是遗传吗？我还遗传了什么？天真、热情、莽撞——意识到莽撞后的无限自责。我有没有遗传到他对家人的爱？那个不重视教育的年代，高考尚未恢复，他却教我念诗、速算法、几句简单的日文，甚至朝鲜语，我至今记得一句，“国父金日成万岁”。

我又将遗传给小年什么？基因可以选择吗？筛出我血中的优点、美善，也许精华，涤掉缺陷、幼稚和荒唐。但如果善就是愚蠢，才华就是畸形，怎么办？

而也许，一切都是不可挑拣的。一生中，多少次，夕阳偎在城市间的高楼间，早早隐没，我又仿佛回到幼年的自行车大梁上，眼前一轮红日，耳边是浓浓乡音的“白尔依山尽”。脚下是小桥流水，桥那边是我家。

能把这场景替换成普通话版的吗？声与影的契合，如同双螺旋，已经锁死到不可分割。如果口音真的会遗传……就让它遗传吧。

幸好，三岁过后，小年的发音准确起来。她现在说“姥姥”就是“姥姥”，一如玫瑰就是一朵玫瑰。

耐心，是唯一的雨露甘霖

我从没想过：跳绳是这么难的事。

小年四岁半上幼儿园大班，开始为即将到来的小学一年级做准备，书包里有了拼音书、蒙氏数学书和一副跳绳。她连上了两个大班。小学开学前的暑假，班主任家访，问起会不会跳绳。我很难为情：“呃……不会，一个都跳不过去，不过我们正在学。”

那时我们也开始送她学羽毛球，教练也同样要求跳绳，每堂课后，所有小朋友一字排开，唰唰飞跳。只见小年双手笨拙地往上一甩，有时候绳子连头都甩不过去。千难万难，终于绳子跳地，她向前跨一步，从绳子上迈过——就算完成了一个。第二个无论如何跳不过去了。

我急得要命，却不知道如何教她。是手的问题，脚的问题，协调性的问题？抑或以上全有问题？

教练耐心地教她手脚分解：先学会单手摇绳，双手都熟练后，再双手一起摇。脚也一样，先学会稳定速度跳跃，再与手配合。

老师发了话，小年就一声不吭开始练，跳得那个脚步混乱，踉踉跄跄，一路向前，我跟着她，从球场的东南场一直斜插到了西北角。

我想示范，却发现自己也不会跳，只能盯着她，一会儿温言哄劝，当她发起脾气“不跳了，不会跳”的时候；过一会儿板起脸吼叱，当她撒娇“我要回家 / 吃东西 / 喝水”的时候。

跳绳是必须学会的项目呀。没几天上学了，发下体育测评成绩，她的跳绳是 0 分。从此每周末，我都带上跳绳跟她在楼下练习，小区被磨得光秃秃的草地上，她拖着脚，半天，一下。始终只能跳一下。

我向朋友诉苦，朋友安慰我说：“总归能学会的。”

我垂头丧气：“万一永远学不会呢？”

这成了我一个说小不小、说大不大的心结。没错，这只是跳绳，不会也没什么了不起。但是，我愿意她笨手拙脚吗？我希望她像我，完全不懂运动吗？我甘心她这么小年纪，就承受“学不会”的挫折感吗？

我试尽了我能想到的所有办法：找高大帅气的大哥哥，以慢动作跳绳给她看。她看得一眨也不眨，还跟人家玩“爬山”游戏，乐得咯咯笑。在电脑上找跳绳高手的视频给她看，人家跳得挥动如风，她漠不关心瞅一眼，说：“看不清。”我把她自己跳绳的视频拍下来，放给她看，苦口婆心教导：“要向上跳，不要向前跳……”她跑开，以身体语言拒看，吵嚷道：“我就是向上的，才没有向前。”

我渐渐地在眼花缭乱里看出门道，拿过绳子来做示范：四肢和全身都紧促活动的感觉让我恐惧，我怕摔倒，我觉得会绊住，我担心膝盖受伤……但是，确确实实，我连跳了十几个才停下。

我居然以 40 高龄学会了跳绳。

说不上几时起，小年也终于能够连跳了，起初偶尔两三个，慢慢到了五六个，速度不算慢，只是一旦中断，就浪费半天时间。我开始教给她：“不怕慢，只怕站。”

昨天我给她计时，一分钟 42 个。不优秀，但及格了。

生儿育女之前，我们想象的教育往往就是“讲道理”：你不懂，我说给你听，娓娓动听，春风化雨。我们忘了有很多事物无理可讲，也有很多原理不能用语言传递。而即使懂得道理，要把它化为身心的一部分，也只有靠时间来完成。有时候，教育可能只是陪伴、哄劝、鼓励，

喝吼、鼓掌、安慰……怀着希望，等待着，她终于摸索出属于自己的节奏。

树木，必须百年；树人，至少十年。耐心，是唯一的雨露甘霖。

总有些，太高精尖，超越我们智商上限、体力极限，但大部分事物，不必担心“万一永远学不会”，只要你付出足够的心力和时间：不管是生存的技能，让人身心愉快的事，爱与被爱的本性。

站在不远处，看她落泪

我一直忘不了那一幕。

暑假，我送小年去口语培训班。到早了，先到休息室玩会儿，里面一个花裙子小姑娘正在哼唧，见到小年，她奶奶眼前一亮："看，有小朋友来了。"小年也立刻忘了我的存在，笔直朝花裙子而去。好像也没听见她们说什么，反正两个小毛头肩并肩蹲下来，一人一块积木，携手搭起城堡来。

两小无猜，一见钟情好容易。

我去趟办公室办手续，临走又回来看一眼，却发现情势大变：来了个 T 恤小男孩，可能是花裙子的老熟人，花裙子立刻丢下墙垣半立的城堡，跑过去和他玩起来。小年一时没反应过来，手里还拿着积木，喊她："回来……"花裙子理也不理。

小年发现喊也无用，眼巴巴看了半天，低下头自己玩会儿，索然无味，又抬头看那一对喜新厌旧、始乱终弃的小人儿。她小小的脸上，有被拒绝、被抛弃后的挫败，有意识到孤独而刻意掩饰的寂寥，有还在盼望她回来的不甘，又有明知“这是应该的”而生的认命。

她怏怏地蹲着，胡乱拼几下积木。

无端端地，我心中一恸。

我很想一步跨进休息室——房间漆成明快的小鹿色，泡沫地垫是苹果绿，四壁的卡通都在说，这是大厦里的森林小屋，彩虹做成的糖果屋，这是童话剧的舞台，发生的一切都当不得真——但小年的难过，是真的。

我很想抱起她，对她说：别伤心。这不是你的错。大部分人与我们不过是萍水相逢，他们来了，并不是因为你多好，只是那一刻你想玩他们也想；他们离去，也不是因为你不好，也许是妈妈喊他们回家吃饭，也许是想起还没做完的作业，也许是突然发现了新玩伴。

我还想告诉她：总有一天，你会明白，那些让你一想起来心就皱成一团的事物，总会抚平；再怎么念念不忘，哽在你喉管里，上不上，下不下，让你咳，让你喘，让你难受，醒了便睡不着、睡着又哭醒的悲伤，都会在平淡日子里融合。

我没有这么做。

我说了，她也听不懂。

懂了，她也不会接受——10 岁时，我认定我生来要拯救世界；20 岁相信拉过的手永远不会松开；30 岁遇到一生最大的浩劫，我以为将自此萎谢……我固执地拒绝每个长辈的规劝：“我们这代人，和你们不一样。”有什么不一样的，顶多是表现方式不同。

就算接受了又怎么样？我饱读诗书，终于弄清楚抽筋是因为缺钙——它就不抽了吗？不，还得忍着小腿的阵阵痉挛，把脚拼命上翘，捶捶僵硬的小腿肚，让它慢慢平息。知识不能加速痊愈的速度，用理性来安抚情绪，真不如哭一场来得痛快。

我只是，看到了我的母亲。

曾有一个又一个晚上，我瞪着一个角落，并没发现自己在痛哭不已。忽然有人碰我，是我妈递过来一盒纸巾。

发生过什么，她一定很想问我。我可能断断续续说过，一边说一边努力克制；我已粉身碎骨，每一张嘴，迸出的每一个字都是飞溅的玻璃碴，一粒粒穿透她苍老的脸颊。她老了，我何忍毁坏她对世界淳朴的信任？

因此努力沉默不语，聚拢自己，收拾起残破的信念。我若无其事，我以为没人知晓，就像爱面子的小年，假装继续玩积木。但此刻我明白了，我母亲一直站在门外，看我。我所有想说而没说的话，就是她想跟我说而没说的话。

爱，有时就是站在不远处，看你落泪，任你心碎，而无能为力。你永远不会知道，直到有一天，你也站在你至爱之人的不远处。

谢谢你每星期送我上校车

五月的第二个星期五，小年一下校车，怀里就抱着个纸盒子："妈妈，你的母亲节礼物，现在不能开哟。"

"什么时候可以开？"

"星期天。"

我逗她、引诱她，提出用面包交换，她都不肯把纸盒给我："星期天才是母亲节。"中间还摔了一跤，纸盒飞出去好远。倒是告诉我里面有什么："一块毛巾蛋糕，一张卡。"

到星期天，我已经忘掉了这件事，大清早我还在睡，她已经在我耳边大叫："妈妈，有你的快递，是母亲节礼物。"

我现在唯一想要的礼物就是好好睡一觉。

她一会儿跑来叫一遍，叫得我内疚值一点点攀升，直到爆表，不得不睁开眼睛，接过卡片，是这样写的：

某某某女士：

恭喜您在 2015 年第一幕（估计是她理解不了常见的“第一季”说法，记错了）中国好妈妈大赛中获的（错了，应该是“得”字）最佳妈妈奖。谢谢您每星期送我上校车，所以授予您最佳妈妈奖。

忘了落款。

我问：“为什么是送校车呀？难道我只做了这么一点点？我还有那么多不朽功勋……”她理直气壮地回答我：“不会写了。”

就算会写，她还能谢我什么呢？

感谢我赚钱付给她每日必需的食粮、课本、鞋？她还不太知道钱是什么，还没在我每天的电脑啪啪啪与那些可爱的实物之间画上等号。

感谢我做饭给她吃？很惭愧，这件事多半是姥姥操持。我主要负责带着她在各种培训班之间东奔西走，到家后累得一动也不想动，突然想起来，对她大吼一声：“洗手，换拖鞋。”

感谢我陪她看电影、讲故事、嘻哈追逐吗？把这些也当作妈妈的丰功伟绩，是不是也太不要脸？

但送校车，真是另一回事。

每星期一，校车 7 点准时发车。这意味着周日晚上 8 点，我就开始催她：“清书包，刷牙。”总得催三四次，睡前故事从三个缩减到两个。

闹钟冬天上的是 5：50，春天是 6：00，渐渐入夏后，上的是 6：10。无他，冬天从被窝里挣扎起来不太容易，冬装厚重，洗漱时要让水变温也需要时间。

我一般稍微早起几分钟开电脑，闹钟响的时候，也开始以巨大音量同步播放英语课本。声震全屋，保证她在卫生间、在饭厅都听得见，搞不好也连累全楼。这是从她一年级，我就做的事，是水滴石穿，在磨孩子的耳朵，也是一种提醒：今天，要上学了。

所有人都活动起来。姥姥径直去厨房，煮面、炒饭、煎牛排。她一声不吭，自己穿校服、系红领巾、洗脸刷牙。我几间屋内穿梭：还有忘了的事吗？牛奶都带好了吗？香香（面霜、手霜等）擦了吗？

6：35 出门，她吃力地背起书包，我拎装杂物的环保袋。有时候书包太沉重，她步履蹒跚，我不耐烦地抢过来背上——到校后下了车，总得她自己背。

冬天的 6 点，正是最暗的时候，她一边下楼，一边颤声问我：“妈妈，外面有鬼吗？”夜色微微起伏，是摇晃着的大缸黑墨水，一波一波的黑浪。风吹树的声音都是阴沉的，像不怀好意。

这时候会很希望遇到上班的人，尤其开车那种，暖黄的车头大灯一打，便是人间了。虽然路上还是只有我和她，手拉手。不过夏天就很舒服，鸟儿啁啁啾啾，比我们起得更早。凉风哗哗吹落一地落花，来不及停下来为它们拍一张照。

出小路，上大路，左顾右盼，穿过没有红绿灯的路口，经过地道到马路对面，坐五站公共汽车——早上的大公交，那叫一个所向披靡，轰隆隆，跟坦克似的，一般六分钟就到了。

但有一次，我不知怎的，心神恍惚，坐错了车，等反应过来，车已经开到不知道哪里去了。大急，在下一站赶紧下车，拉着她一路狂奔。这附近幽静，的士又少，过了很久才拦到一辆，赶到校车点的时候，它已经发动了，送车的家长们正在频频挥手……

一路上，她带着哭腔不断问我："妈妈，我们是不是迟到了？我们是不是迟到了呀？"

我坚定地说："没有。"

是的，快两年的校车之旅，我们从来没迟到过。

我从没想过辛苦不辛苦的问题。中国不知道有多少校车，有多少位家长要起早贪黑接送小孩。这只是日常生活，跟买菜，辅导她学习，带她游泳一样。再说也只能怪我自己笨，一直没学会开车，也没赚够司机、菲佣、园丁的钱。

也许过几年，她自己也会忘掉，但至少现在，她记得，记得我总是急急忙忙，握得太用力的手，记得在我大步流星的时候，默不作声追上我，并且，向我说了谢谢。

无论有多少爱，人能感知的，总是最贴身的那些。

不会爱上怪物

小年看过很多我没带她看过的动画片，我疑惑，她说：“是在英语晚自习上看的呀。”往往是，老师带学生们朗读过，报完听写，纠正一些细微错误后，就给他们放一部英文动画片看。

最近她看的是《怪物史莱克》，她说：“史莱克的鼻屎到处飞，呃，真恶心。”

迪士尼的情节大同小异，史莱克我倒记得它不同凡响的结局——被它搭救的公主也成了怪物，两头怪物从此幸福地生活在一起——便问小年：“如果你爱上了一头怪物，你是愿意它变成人还是你自己变成怪物？”

小年诧异地看我一眼：“我不会爱上怪物的。”

我一下子被她说愣住，想一想才说：“但怪物内心善良呀。”好像史莱克也没有其他的什么优点了。

她答：“还有很多善良的人呀。”

我再想一想："可是《野兽与美女》，也是公主爱上了怪兽，就因为它的善良。"

"她是为了救爸爸呀，她不是自己要去的。而且城堡里没有别人了，只有变成野兽的王子。她又不能去爱茶壶。"

我无语，祭出最后一招："但假设……假设你是怪物公主呢？是吧，真爱让你露出原形，可是你的原形就是怪物，怎么办？"

她非常有信心地说："我不是怪物。我是你生的，你不是怪物，我就不是。"

蓦然间我觉得：许多一言难尽的事，被她一语道破了。

多年来我听过无数的爱情故事，女子痴痴爱上一无是处的男人：他家暴，他痴肥，他不求上进，他酷爱烟酒，他打牌欠了一屁股债……她们抱怨、指责、哭，还是放不了手，自己也说不清舍不得的究竟是什么。

忍不住，要问她们："那他有什么优点呢？"问的时候，心里已经知道，答案不是"他善良"，就是"他对我好"。如果再问得细一点儿："具体表现在哪里？"往往张口结舌，最后答得很勉强，给过乞丐几次钱，为她买过一两件小东西。

像难拆难散的毛线球，一眼就知道已经打成了死结，就是不知道结在了何处。

但也许，原因无非是：

某些令人身不由己的外力或环境。他是怪物，但目力所及，其他的只不过是水壶、茶杯，还不如他。有膨胀的爱意要给出，有电压要传递，只能是他。

不知何来的自卑，让她们认定自己是怪物。也许外表光鲜靓丽，但透过心底的魔镜，她们看到的自己，却是丑陋的，蠢钝的，不被人爱的。好男人让她们提心吊胆：他总有一天会发现我的真面目，天一黑就得速速逃离。怪物反而让她放松，打心眼里觉得是王八看绿豆。他亏待她，伤害她，她愤怒，但这愤怒的底色是安心，她一向知道自己不配得到好的待遇。

何以至极？是在怪物之家长大，与小年有相似的认知模式："我是你生的，你是怪物，我也是。"抑或在青春期的黯淡岁月里，有人反反复复用对待怪物的方式对待她，终于训练出了巴甫洛夫之犬般的条件反射：听到鞭声就自动驯服。我想，这都不是一两封来信、一两次电话就能知道的。

只是，希望当她们再拿"善良"搪塞自己的时候，想想这句话："还有很多善良的人。"值得爱、懂得爱的好人，会像一面制作精良、擦得雪亮的镜子，照出她们的本来面目：镜中没有怪物，只有公主。

而我，必须写下这篇文章，并且妥善收藏好，因为小年也会长大，也会爱，万一脑子进了水，至少我可以让她看看："你八岁那年，其实就已经决定'不会爱上怪物'，除了他们，'还有很多善良的人'。"

送伞的幸福

突然“轰隆”一声，闪电如刀把天地劈成两半，再合拢来一片漆黑，下起了瓢泼大雨。

是清明小长假的第一天。

就在昨天，我想在接小年放学前做完好多事，看到车来，急跑几步——当场小腿一阵剧痛，伫在当地，一步也动不得了。肌肉拉伤，冰敷后热敷，然后只能一跛一跛地勉强腾挪。

于是这三天，原本排得不透风的学习进度条全停下来，游泳、钢琴都不能送了。小年在楼下一个人荡完秋千就回来，盘在沙发上看《哈利·波特》，我在电脑前东刷刷西刷刷。春意正浓，姥姥关掉了电视里的《伪装者》，去楼下她新开辟的菜地干活了。她说：“不冷不热，正好多干点儿。”

没有电视声，屋里真静，下午格外长，长得几乎要忘掉夜晚的存在。直到我被雷声吓了一跳，偏头向窗外一看：铺天盖地的雨。姥姥出门时带了雨具吗？

我吃力地撑起身体——脚后跟着地时，忍不住“哎哟”一声：“小年，我们得给姥姥送伞。”

小年跳跳蹦蹦，跑过来对我说：“你打姥姥手机呀。”

我摇头：“她肯定没带。”手机是她偶尔用来玩游戏的东西，只有春游或者上街时才记得带，还不一定记得充电。

勉强走几步，每一步都哎哟一声。小年担心地看着我：“妈妈，你行吗？我不敢自己下去，我怕黑。”

我说：“没事，我们一起去。”

睡衣睡裤就不换了，这么大雨也没人看，拿上三把伞，又拿手机，小年不停地叮嘱我：“妈妈，你带钥匙。”我很自信地说：“什么都不带也行，只要有钥匙。”还用她说。

下楼是个苦事，一步一刺痛。小年想来扶我，我赶紧说：“别别，我自己来。”小朋友手没轻重，动作又猛，她一个踉跄，我就得骨折。

她一马当先跑在前面，我踮着脚慢慢跟。下到楼底，雨声打在伞面上的声音让人心安。我忽然想起一事：“小年，你知道姥姥新开的菜地在哪里吗？”

她摇头：“我去问门口的人。”指小区门口的保安。

我说：“好，要喊爷爷哟。”

她说：“是喊伯伯吧？”

我说：“都行。喊了就行。”

她撒欢儿地跑向门房，听见她的小嗓子在问人，我心里是宽慰的：大方了，懂礼貌了。

就在这时，大门旁闪出一个戴着大草帽的身影。一家人就是一家人，不用看身材面貌，我已经认出来：“妈。”她也同时仰头向门房里喊：“小年。”小年喜出望外，大声回应：“姥姥。”蹦出来。

三个人就在小区门口聚成一堆，我先摸我妈的衣服：“呀，湿了。怎么不早回来？”她说：“我没淋着呢。嘿，我遇到个人，拉着我说话。”小年拽着姥姥的臂弯，把她往下坠：“姥姥，姥姥，下雨了，你还不回来。天都黑了，我害怕。”她安抚小年：“不怕的。”转身怪我：“送什么伞，几步路的事。”

吵嚷过，三个人各打各自的伞，像一大团移动城堡一样，在黑漆漆的雨地里往回走。到楼道里看真切了：有草帽，她肩背湿得不多，只是裤腿湿透了。我松了一口气：“难为你中午才洗过澡。”

我腿疼，我妈拎着水桶，就小年身手最灵活，拿着我的钥匙一路冲上去，给我们两个老弱病残开门。

等到了五楼，雨好像是小了些，天倒是彻彻底底黑下来。什么也没发生过，三把花伞都撑开来晾在卫生间里，花团锦簇，好喜气。姥姥洗澡，小年继续看书，我继续腿疼。

这是很小很小的事，小得不值一提。我为什么要记下来呢？

承平盛世，有一个人是我想送伞的，恰恰在我能够送到的距离里，还有一个人愿意跟我一同送，我想，还是有理由感觉幸福的。

她的小书包

地下通道的台阶好漫长。她就在我前面几步，小胖腿还没完全伸直，每上一级都得先犹豫半晌，才毅然迈出一步。落定后，又鼓足勇气，毅然把另一条腿搬运上来。小猫咪大小的小女孩儿，像只有两三岁，还煞有介事地背着小书包。正是九月的第二周，开学季，她是第一年上幼儿园吧？小班或者小小班。

我禁不住放慢自己的脚步，跟着她，一步一步慢慢上。

牵着她手的应该是她妈妈，白衬衣、包臀裙、高跟鞋的职业装，半皱眉、半哄着、半耐烦、半不耐烦，把小姑娘拖得都踉跄了，显然送完孩子就要急如星火去上班。小姑娘任妈妈拉，身体也流露出加速的趋势，但速度没有质变。她妈没招了，悻悻地："我帮你背书包吧。"

我忍不住，偷笑一下。

在我自己做母亲之前，小朋友对我来说是不存在的：城市如战场，我每天进进出出，是凌厉的战车，誓要杀它个七进七出。小孩不过是一些会缓慢移动的障碍物，考验我迅速闪躲的能力而已。

然后，一娃在手，我的人生陡然下沉到地平线上——不是接地气，不是低到尘埃里去，而是活生生地在泥泞里摸爬滚打。身前身后，全是小孩子们在飞奔跳跃，欢叫声直上云霄，听几分钟后就开始耳朵嗡嗡嗡。

新大陆向我拉开了门，生活中忽然多了许多不解之谜，比如说，幼儿园小朋友们的书包里究竟装了什么？

认字算数还早，书包里不会有书本笔袋。伙食幼儿园提供，零食不许入园，那么要书包有什么用？难道只是装饰？小朋友的书包确实都很可爱：有的是拖着尾巴的小恐龙；有的残了半片翅膀，证明它曾经是个书包天使。可是小男生也背，而且里面明显鼓鼓囊囊，不是空的。

这谜题很快就找到了答案。小年上幼儿园之后，也似模似样背起了小书包，里面装着的——是裤子。

幼儿园报名的时候，会问一句："自己知不知道大小便？"有些家长面露难色。老师不在乎："没关系，很快就学会了。"不再包着纸尿布，像个胖泡芙似的摇摇摆摆，也不再穿着开裆裤招摇过市。幼儿园的第一节课大概就是教：在大小便时候要举手。但是玩 high 了是常有的事，脑子跟不上身体也是天经地义，动不动尿湿，所以每位小朋友都要在书包里备条换洗裤子。

更有甚者，我还接到过老师的电话："两条裤子全都尿湿了，接孩子的时候带上第三条。”放学时，我第一个冲进教室，小年围着被子坐在小床上，脸有泪痕，是哭过了——她太小，还分不清哪些是错误，哪些是意外，她只觉得尴尬害羞了。有小男孩在床边跳来跳去笑她，我把他们统统赶开，掏出我带来的裤子，像变魔术一样打开：“看，有小兔的，粉红的。”她的脸，一下子就被照亮了。

尿裤事件越来越少发生，但书包里的裤子没有撤出来，得有备无患。升到中班后，幼儿园开始教国学，书包里多了一本《弟子规》；同学们都在上才艺班，我不想让她落单，给她报了个儿童画。画具人家提供，但难免弄一身油彩，书包里又多了一件罩衫，叮嘱老师到时帮她换上；后来又有了跳绳、铅笔……

现在她上三年级，书包里有语数外三科的课本、练习本、家校联系本，有跳绳，有纸艺社团要求的友禅纸，有牛奶，有长袖T恤和长裤……沉重得如一个小行李箱。她不肯让我帮忙：“我都三年级了。”我遂罢手，每个人的背负确实只能自己承担。就像我包里有钱、手机、钥匙、纸巾、创可贴、小面包、纸笔……也随时不离身，准备应付生活中的一切不时之需。而我与她，都是从这么小这么小，小得像一个胖胖的小蘑菇，小得上楼梯都迟疑缓慢的时候，从背上第一个小书包开始。

通道外就是车站，正好有公交车来了。小女孩儿还不能自己爬上高高的踏板，她妈在身后奋力双手一托她的腋下，把她架了上去。正像当年我和小年做的一样。

公交车门关上，看不到她的小书包了。

分床

小年小时候，我怕伤着她。

她还没出生，我就知道“熟睡父母不慎把婴儿压死的事件”并不少见，早早备了婴儿床。

分床，却不能一夜安眠。

多少次，听见她悲怆的哭声，摸黑惊起——小夜灯会影响褪黑素分泌，影响婴儿发育，不宜使用。半天摸索不到鞋，她哭得像要背过气去，一急，赤足下地，到小床上抱起她，回大床上喂。

她弱，我奶水不足，每次都要吸一两个小时，才渐渐感觉到吮吸的拉扯感慢了弱了，吧嗒一声，乳头从她嘴里掉出来。我再起身下地，把她放回小床。一两个小时后再来一次。

夜夜如此，一晚好多次，几个月后，我腱鞘炎与腕管炎一道大发作。而婴儿还在不断生长，越来越重，能抬起头，我深怕她在我不知不觉间滚下床，于是拆掉上层床板，让她睡在婴儿床底部。每次抱她起来，要像鞠躬一样，腰深深弯下去。一段日子后，我肩周、颈椎与腰椎也联合发出橙色警报。

终于有一天，我刚把她半身抱离床板，人还没直起身，突然一阵晕眩，手一软，她和衣跌回床板上，哇哇哭了几声。我吓坏了，想赶紧抱起她，手腕软得一点儿力量都使不出。

养育孩子是沿途丢盔卸甲的万里长征，我不能才踏上征程就人困马乏。从此，小年睡到了我身边，至少免去我一天数十次的深弯腰。

我总是把她搁在大床的正中央，自己蜷在最边缘，小心翼翼，一动也不敢动。有时，她的小脚会轻轻蹬到我，或者，整个襁褓像鸟儿筑巢一样靠过来。彼此依靠的感觉，让我安心。

也有时，我猛地惊醒：为什么她一点儿动静也没有？有什么可怕的念头在心里一闪而过。我直扑过去，摸摸她的小手，热热的，一无所知地摊开；探探她的鼻息，小火车头一样，喷着热气。我又小心睡下，离她远点儿，远得绝对不会压到她，又近到能听见她梦里的咿呀。

现在，我认为她会伤到我。

她九岁了，床对她永远不够大，她睡着了还在拳打脚踢，会旋转，会踢腾，会把自己摊成大字，扭成树根，盘成《小王子》里的那条大蟒。

也许，大地为被，下面有一个孩童，睡得很熟，他掀开被角，于是山脉倒下，破山成海。他连翻几个身，是八级以上的地震。无数房屋倒塌，许多人流离失所，但睡着了的小孩，打雷都吵不醒，他只是睡热了，在踢被子。

天地不仁，莫过于此。

小年也一样，突然一脚踢我脸上，眼前一黑，我怕我看不到她将来结婚生宝宝了。又过了一会儿，她一拳甩上了我的鼻子，双泪俱流，酸得说不出话来。她又踹我的后腰，我庆幸我是个胖子，有脂肪缓冲垫。

我起身，把她死活拖到床的另一半去，沿着正确的方向把她的腿放直。我才睡回原处，她连翻两三个滚，全身压到我肚子上，像胸口碎大石，我气都喘不过来。

和她在一起，全身上下都是软肋，不堪一击。

为什么还没有让她自己睡？

六岁，就为她准备了房间和床铺。她很高兴有了自己的房间，爬上床，又跳又蹦，灯一关，就开始喊：“妈妈，过来陪我睡。”

没多久，她上小学，开始住读。一周大部分时间在寝室，只有三个晚上在我身边，怎么忍心让她独自睡在隔壁？

最后我决定了：晚上先陪她睡，等她乾坤大挪移一开始，我就去睡她的房间。

我庆幸我生的是女儿，不像一些生了儿子的朋友，有更多的困扰：

早早就把儿子赶去一个人睡，会不会让他觉得没得到充分的爱？

快十岁还没离开妈妈，对他的身心有没有损害？

我觉得她们过虑了，我知道十岁左右，绝大多数孩子都会主动要求自己睡的。到那时，他们开始有了秘密，有在临睡前想的心事，会用少年人的青涩，在身边画出无形的封域。

女儿诚然是母亲的贴身小棉袄，但棉袄会长大，母亲会老得缩小，总归不能永远那么贴身。

只有势均力敌者，才能同床。

我以过来人的老气横秋说：分开，对大家都好。

我只能陪你到这里

从四岁起，小年就在附近的医学院体育馆学羽毛球。

我家通往体育馆的那条路，先就是普通小路，突然推土机开来，推山移海，灰沙满天，人在沙上走，一步一个脚印。南方多雨，就成了沼泽。我打伞，伞离她太高，她会淋到；她打伞，我又怕伞针撞我眼睛，只好给她裹上雨衣，我把伞正正地、低低地覆她头顶上三寸，自己半个身子湿个透。顾了上，就顾不了下，一大一小都在泥浆里蹚一裤子泥点。

推土机的消失和它的出现一样突然，眼前多了一条敞亮的六车道大路，人行道上铺了砖，还在零星地挖坑种树植草坪，但都是小打小闹了。而小年，已经九岁多。

我说："小年，路好了，以后打球不要妈妈送了。"

小年很惊骇，嚷："不行不行不行。"

来回扯了几次皮，最后商定好了，我送她到医学院门口，里面车辆甚少，行人都是大学生哥哥姐姐，安全得很。她下课后，我再去门口接她。

到点了，我稍微磨蹭下，等到了楼底下，她已经扛着羽毛球拍，拎着水杯进了院子，看到我很高兴：“妈妈，你不是说在门口等我吗？医学院门口没有，我以为你在小区门口，原来你在楼门口呀。”

一路无恙，下一次，我索性建议她全程独自往返。听着她咚咚咚下楼，我脑子里的妈妈地图自动启动，为她导航：出大门右拐，直行50米，等绿灯过马路——呀，万一她红灯就闯了，万一她忘了左顾右盼……当然是讲过千百次的，可她要是忘了呢？

我匆忙披衣追下楼。一出院子，就着急地远看：她刚刚走到路口，正好是绿灯，她就大摇大摆过去了。新路，车辆不多，两边的高楼都隔得很远，她个小人儿，走得趾高气扬，完全是“千山我独行”的气势。

我往回走，心里想：记着还要叮嘱她，即使路上没有车，是红灯就不能闯；还有，绿灯也不能掉以轻心，要留意拐弯的车……

快下课的时候，我听见窗外唰啦啦，是樟树新生的绿叶，痛快地淋在春雨里。推开窗，雨声夹着风声，是一声声的提醒。院子里有人没打伞，只是低着头，稍稍加快脚步。

我忍了忍，拗不过自己，抄伞出门。

大路上，迎面来位老先生，打把伞，手里还提把伞，突然站住脚，向马路对面喊。我循声望去，是位老太太，正拿随身包挡着头，碎步快走。听到喊声，老太太抬头，也向老先生喊回来。不断有车来来往往，把他俩的喊话切得七零八碎，两人就全靠比手画脚。老先生扬起手里的伞，猛摇，意思是：我来给你送伞。老太太就一直摆手，往前指，往路口指：有护栏，你也过不来。虽然，也许在心里，他与她，都很想惊喜交集地在马路中间抱个满怀。

在体育馆的小年看到我，一脸不以为然："不是说好我自己回去吗？你怎么来了？"

我竟然气短："下雨了呀，我给你送伞。"

她三两步走到雨地里，仰脸承接春日细密的雨点，快快活活地喊："我最喜欢这样的雨了，我不要打伞。"

我莞尔：其实，这样的雨我也喜欢。像女孩子的小嗔小喜，遇着了或恼或笑，都是可爱的事。避着躲着，徒留一身干爽，又图了个什么。

她走得雄赳赳气昂昂，我也收了伞，在后面跟着。

经过每个烂熟的路口，经过一蓬蓬盛放的迎春花，经过绿荫深深的小树林，经过雨里还照旧闪烁的红绿灯……她的小辫子随步伐一甩一甩，我亦步亦趋，乐观地想：羽毛球班，看来是再也不必接送了。下一个她独自去的培训班是什么？离家 20 分钟的书法班吧。再下一个呢？

总有一天，每一次出发，她自己整理所有行囊，自己决定行程，自己踏上迢迢长路，身边是爱她、喜欢她的同路人。

而我，会微笑止步，对她说："我只能陪你到这里了。"

所有无用的东西都是有用的

从钢琴老师家出来，春夜正好，像件薄薄的黑绢衫子，亲密贴身。有路灯，把夜色稍微推开一段，撸上去的袖管。

我一路问小年课上了些什么——遗忘与记忆同步，两小时内学到的知识就忘掉70%，为了达到最佳学习效果，必须立刻复习。我听完一堆“八分音符”（其实我也不知道那是什么），叮嘱她：“要好好学钢琴呀。”

她点头：“嗯，我长大了要当钢琴老师。”又说，“我也要好好学英语。要不然我去美国，大家听不懂我讲话怎么办？”——很抱歉，她五岁，已经很自然地有了美国梦。整个社会的价值观，就这么直接地以儿童体现。历朝历代，都拿童谣当作天谶。

我老怀大慰，又加一句：“围棋也要好好学哟。”我们学围棋也快一年了。

她扭头问我：“为什么？”

这应对出乎我的意料，我一愣：“当然了，学就要学好嘛。”

她居然认真起来：“我又不想当围棋老师，去美国要下围棋吗？为什么要学好围棋？围棋有什么用？”

上一次被问类似的问题，是在新东方附近的茶餐厅，熙来攘往，隔邻多有洋人，外文单词单句混在中文的洪流里，像甜点上嵌的杏仁。与我同桌的是个15岁的女孩子，托福刚考了113。我问：“听得懂？”她眉睫一拍，是微风下的檐雨，笑容里全是自负。

我一时多事，说了句：“其实你英文已经很好了，有时间可以看看古文，背背古诗词什么的。”

女孩儿诧异地看我，满脸都是“这人老糊涂了”的不解：“为什么？英语、数理化、游泳，都是工具，将来用得着，古文……”她撇撇嘴，“有什么用”四个字不曾出口，以身体语言呈现。

如果她是成年人，我可以理解这是粗俗的挑衅，但女孩儿一脸认真，我于是想了又想：“说一个你可能知道的诗人吧，纳兰容若——清朝宫斗片对普及中国传统文化，还是有不可磨灭的作用的。他有一句诗：‘等闲变却故人心，却道故人心易变。’你也许会在无意中听到，因为它的浅显，随意记下来，然后很快地忘掉。你现在初三，马上面临分离，这么要好的，视为姐妹，以为是一辈子的好同学好朋友，会渐渐淡掉，总有一天，你惊骇地发现他们都变了。而他们说：‘不，是你变了。’也许你心里会五味杂陈，感觉孤单，仿佛一刹那被朋友和时间同时抛弃。你有那么多感受，却不知从何说起，向谁说，怎么说。你疑心只有你一个人，经历过这一切。这时，你想起这句‘却道故人心易变’。你恍悟了……文学的意义就在这里：说出你的心声，抚慰你的哀伤。我们脱离人猿已经数百万年，我们所需的，不只是工具。”

女孩儿应该是听懂了，但，她听进去了吗？

如果技能与谋生无关，如果知识不用来生存，如果它不是通往美丽新世界的桥梁，那么，它有什么用？我尽量用小年能理解的语言说：“围棋可以锻炼头脑，让你有逻辑能力和推理能力，这是所有学问和智慧的基础。”这是一个先天不足的答案，她可以追问：学问和智慧，有什么用？

连上了年纪的人都会这样抱怨：光电效应有什么用？三角函数真扯淡？立定跳远好干吗？为什么要学这些没用的东西？有时他们是焦灼的父母，在质疑教育制度，而我，只觉啼笑皆非。

天文有什么用？它让我们知道，我们的一生像微尘一样轻；美有什么用？刺绣或者音乐，带给我们的美感与惊喜，是擦过皮肤的战栗；那些你一生用不到的冷知识有什么用？你了解雪兔一冬一冬地变色，即使你不想当猎人（我估计雪兔也是保护动物吧），你是否会感到既轻微也巨大的悲哀：原来随机应变不过是与生俱来的智慧……甚至，眼泪有什么用？除了滋润眼部，让眼睛不会太干涩之外，它还可以洗净我们的灵魂。

所有无用的东西，都是有用的。

就像这一个美好的春夜，也许它真正的、唯一的用途，就是让万籁俱寂，它是宁静的布幕板，让小年有机会问出她的“大哉问”：有什么用？

她会用一生，慢慢地找到属于自己的答案。

而在我自己的人生谱系里，知识最高，智慧最宝贵。美，就是美。正如爱情就是爱情。我爱这所有的无用之物。

03

接受世界的不圆满

你要了解人生的残酷吗？其实你五岁那年就已全盘知道。只是之后渐渐长大的你，希望世间还有其他的公式定理。直面过惨淡的人生，正视过淋漓的鲜血，才能成为真的猛士——谁想？

正如此刻的我。我所知道的一切够写一本“丑恶大词典”，却仍对人世间，抱着美好的期许。

因为我们都不止五岁了，最赤裸的真理，总是最接近生物本能。而我，愿意终此一生，尽量地，让自己在本能之外，发挥一点点的理智、梦想与天真。

女王的教室

不管承不承认：职员的上帝是上司，主妇的上帝是丈夫，而学生的上帝——是老师。上司可换，婚姻可离，都是“大不了从头再来”，但学生的上帝，没的挑，没的选，不能遁逃，势必接受。有什么样的师长，就有什么样的童年梦。

假设你摊上这样一位老师：黑衣如墨，脸色是结冰的海。她冷漠：上课时有三急的女生，她毫不客气地拒绝——课间干吗去了？最后女生尿了裤子；她势利：名列后排的学生，试卷她都用抛的，你自己趴地上捡吧；她变态：没考好，课后一律扫厕所去，你有意见？你没资格和我说话，你成绩烂……不要怕，这只是一部日剧，叫作《女王的教室》。

编剧借女主角之口说：“社会就是不平等的。”你觉得差生不该打扫卫生？你以为社会上的清洁工是什么人在执业，难道是高考状元？反抗老师的人马上被打到最底层，你觉得这偏激？OK，你在哪个单位见过不讨领导欢喜还能风生水起的人？你父你母还是你自己？

这故事，残酷得让人窒息，但，真的如此吗？社会不是高耸入云的旗杆，无数人密密麻麻、你争我夺向上攀爬，事实上它是万山遍野的金字塔群，有人塔上建屋，有人偏安一隅——如果落日恰好从它身边掠过，也许更美。每个人有自己的成功：读书人就住在书的国度里，把学问读成家园，把知识化为骨血，最后的安眠，是静静合上烫金封面如棺椁；爱钱的就去赚钱，合法营生若大行其道，必定极受人民群众欢迎，改善了我们的生活。利欲熏心不是坏事，爱迪生就是这样的人，拜他的贪婪所赐，我们有了电灯，他有了钱；天生丽质的美人儿，一定要去当艺人呀。瑞典最著名的两个女子，一个是儿童文学作家，另一个则是艳冠天下的英格丽·褒曼。她们是美慧二女神。而我这种一无是处的……呃呃，给大家垫垫底也罢。

这样比起来，校园最恐怖，因为它像那种打到底的电子游戏，只有一条路可走，败者必定承接很多的难堪与耻辱。有的学校甚至给“落后生”戴绿领巾，像《红字》里失贞妇人胸口的红字，是羞辱。小说里的海丝特有罪吗？她不过是爱上了一个懦弱的、不敢负责的男人。她勇敢地戴着她的耻标，带大女儿，善待穷人，她积德行善，以至于到最后，象征通奸的红字“A”，变成了“圣人”的意思。真正的红字在哪里？烙在她的情人——软弱牧师的胸口。他隐藏自己的罪恶，以为可以瞒天过海，到最后，她的罪被她的善行救赎，他的，却永远揭不下来了。

就好像学生胸口的绿领巾，事过境迁后，不过是笑谈。而老师、家长胸中的偏见，却深入骨髓，那些错失的优才，积累的怨尤，再难清洗。

教室里的女王，其实是规则的女奴，以分数定评的师长，其实胸口才飘着偏见的绿领巾——要不要试试，从现在把它摘下？

只要在工作，就不会破产

带孩子渐渐轻车熟路之后，就不怎么看育儿书了。偶然读到微博上传来传去的大道理，不由得哧一声：“做讲道理的母亲”？“不打不骂养孩子”？你亲自试试，人潮汹涌的大路上，她突然拧起来不肯过街，你如何能在红灯转绿前短短的时间里，口齿伶俐、姿态温柔地说服她，并成功过街——只有在广告的世界里，这城市才会为你徐徐停下25秒，容一个小女孩儿泪痕干去，绽放笑容，一步步踏上人行横道。

拖着走是常有的事。尤其是幼儿园放学时候，周边水泄不通，逼仄的人行道上摆满小摊，卖气球、玩具、拼图、棉花糖、油炸小食品……每一个小宝宝，都身不由己往上扑，仿佛被一根看不见的线牵着。购物是乐趣，尤其女人们逛逛买买，添置一柜子无用之物，更是享受人生。但，我还是强行把女儿小年往后拽：见啥要啥、随玩随弃的坏毛病，等她长大了，自食其力的时候，再来娇纵自己吧。

有时，我也容她立脚看一会儿，但一定站在旁边警告："妈妈买不起哟，妈妈没钱，妈妈破产了。"

有一天，我与她站在车站等车，来了一个乞丐，手伸向我，嘴里含含糊糊道着苦情。我垂下眼皮，摇头不已："没钱。"相持了一会儿，我还是翻出几枚硬币给了。小年在我脚边，同情地看我，乞丐走后，她对我说："妈妈，你破产了。"口气里无限惊惶。

之后几天，小年乖得超乎寻常，游泳完练琴，听故事前，兢兢业业抄英语字母。哇，子星照命呀，我正得意非凡，下一次上学路上，她问："妈妈，你还在工作，为什么破产了呢？"

她很早就知道，我在电脑前面的运指如飞，是工作。虽然她忧愁地说过："我都没见过你拿钱回来。"除非开超市，否则孩子大概很难厘清工作与收入互相转换的流程，在一手交钱与一手交货之间，还有千山万水。

我随口答："花你身上了。"

她说："可是我不知道是花我身上哪里了。"

我说："幼儿园学费呀、买衣服呀、围棋课呀……都要钱的嘛。"

她"哦"了一声："那我不花了。"

我大惊，赶紧补正："不不，钱赚来就是给人花的，我赚钱就是给你花的。你只要快快乐乐、好好学习，就是妈妈的钱花在正地方了。"

她高兴地说："那我现在就很快乐。我在幼儿园每天都在学习。"

她问心无愧了。深长的疚意，却像只黑母鸡的翅翼，覆上我心头：她是如何意识到，金钱的重力？是我提钱的次数，太多太多了吗？

钢琴课，有时我们去早了，其他小朋友还没下课，她兴冲冲跑去观看，我把她拎出来：“人家花了钱的，这是人家的时间，不要打扰人家。”我给她买一枚巧克力泡芙，圆圆胖胖，她无处下嘴，拿在手里转来转去，啪，地上多了一摊褐色的泥。我一边拿餐巾纸收拾——好歹是公共场合，得有这点儿公德心——一边哀怨道：“浪费我十块钱呀。”

忘了是几时学到的物理原理：事物凡接触，必有物质交换和能量转移。我的金钱观，也许就是通过此刻我轻轻握着她的手，潜移默化，进入了她的生命。我的孩子，可能注定不会挥金如土，因为我从来不视金钱如粪土，我知道一粒米一颗珠，每一分钱的背后，都有人的辛劳与血汗。你看不到，只说明流汗的那人，不是你。

如何能举重若轻，既尊重金钱又不为物欲所累，珍惜财富也不陷入斤斤计较的小局。我一时口干舌结，不知从何说起——说了她也不懂。而其实，我自己也做不到。

不管怎么样，能赚钱，只要是以正当途径，就是一个对世界、对人群有用的人，否则社会不会给你钱。我愿我的孩子：多劳动，多赚钱——不过，赚得差不多就可以，别太辛苦。也愿她永远记得：只要在工作，就不会破产。

如果我，无端端地，有一丝难过。那只是，一点点，属于母亲的妇人之仁。

用三十年等你长大

她五岁半了，这个夏天，我们开始送她学游泳。都说学得越早越不怕水，大概我们还是送晚了。她每天在游泳馆大厅见到同学都欢天喜地，可是老师布置：“在水里闷气五秒钟。”她回家一次也不肯做。我找出脸盆给她示范，她惊叹：“妈妈还会在水里吹泡泡。”但自己缩在沙发的边缘处，死活不肯过来。

第六节课的早晨，在通向游泳馆的路上，她说：“妈妈，我肚子疼。”

我一惊，立刻蹲下去给她揉，问她：“是吃胀了吗？想放屁吗？怎么个疼法？”

她摇头：“走一步一疼，再走一步还是疼。”

揉了半天：“好点了吗？还疼吗？”她摇头：“还疼。”这一天安排了游泳课和围棋课，现在我打算全取消：“那回家好不好？”疼狠了就得上医院。

她摇头又摇头："不上游泳课，上围棋课。"

我……多少明白了。

还不到 8 点钟，新生的太阳像个火暴脾气的小姑娘，打一现身就没给过我们好脸子，每线光都热辣辣的。我一时委决不下，想：虎妈会怎么做？她的经典语录："作为父母，最不利于保护自尊心的行为，就是你眼看着他们在困难面前放弃努力而不作为。"一把扔进水池再说。

胜过好老师的好妈妈呢？显然是温柔询问、耐心倾听、循循善诱，像驯兽师引雄狮跳火圈那样，一步步把她诱到水池里。

快乐童年妈妈呢？估计刹那大彻大悟，一把抱紧孩子："来，咱们去游乐场。什么也别学了。还有什么比一个快乐的童年更重要？"

我显然，以上三型皆非。我只是妥协了："好吧，去上围棋课吧。"牵着她的手，向最近的公交车站出发。

附近稍稍超出我与她的生活区，这一条路，有一点点新鲜的趣致感。小年立刻忘了肚子疼的事，一边东张西望，一边皇帝似的张口即来，"妈妈，你给我讲个故事吧，"命题作文，"就讲小树苗吧。"

我们已经走到了公交车站，站在一棵中等身材的樟树下，燥热的空气里，它隐隐含尘的味道让人安心。我说："好，就讲这棵树吧。"

"当年呀，妈妈也是小宝宝的年纪，从其他地方搬家搬到这一带。这条马路才刚刚修好，在两边种下了好多好多棵小树苗。

喏，这就是其中的一棵，和当年的妈妈一样高。”我伸手比比小年的头，小年很兴奋：“像我这么高吗？”

我肯定地说：“是的。”

那时，随着父母工作调动，我离开郁郁葱葱、依山傍水的大学校园，一下子掉进这轰轰烈烈、满目红尘的大城市。这一条路，曾经是我每天上下学的必经路，盛夏时节有如旷野，光秃秃地反射着炽烈的白光。小小年纪的我，顶着烈日来来回回，像天谴者被弃置在滚烫的沙漠，像圣女贞德被缚在火刑柱，像受控的女巫被迫穿上滚烫的铜靴，热，从四面八方一起焚烧着我。而所有的树木都是新植的，伶仃如筷，在路面上投下的身影像淡笔的墨痕，完全提供不了一道可能的阴凉。

“那时，这些小树苗都很小，不能遮阳，每天妈妈在这条路上，都好晒哟。”

“后来呢？”

“后来，小树苗长大了。你看，我们都能在树下乘凉了。”我抬头看看，它不够大，可能永远长不成参天大树，但，已经亭亭如盖，并且一棵一棵，连绵成荫。

已经过去了，快三十年。我一直在发胖减肥，成长及堕落。很惭愧，我不是树，不曾保持一直向上的态势。

“要让小树苗长大需要什么呢？”我问。

她说：“浇水。”

我说：“是的，但最重要的，是时间。”

我想起游泳馆的墙壁上，挂名馆长、前世界游泳冠军写给家长的一番话："大概十四节课，孩子就能掌握基本的游泳技巧。但基于体质、年纪和协调性的差异，有些孩子会需要多几节课。请给孩子一些耐心，不要着急，让孩子慢慢发现游泳的乐趣，孩子一定能学会游泳。"

我猜，她明天不会肚子疼了。我还猜，以后，还会偶尔痛一下。我更猜，不一定针对游泳，而是所有让她畏难、烦躁或者苦恼的课程面前。

没关系，我打定主意不说穿，不催她，即使控制不住情绪。我也没打算放弃。蔡康永说过："十五岁觉得游泳难，放弃游泳，到十八岁遇到一个你喜欢的人约你去游泳，你只好说'我不会耶'。十八岁觉得英文难，放弃英文，二十八岁出现一个很棒但要会英文的工作，你只好说'我不会耶'。人生前期越嫌麻烦，越懒得学，后来就越可能错过让你动心的人和事，错过新风景。"年轻时候一懒散，无非意味着，成年之后，要用十倍的时间精力来补课。

我只准备慢慢地，容她自己决定调整、适应、接受直到爱上。就像那些三十年前的小树苗，它们是不是也绝望过，觉得自己永远长不大？是不是也承受过太多路人的等待、失望及焦灼？

而每一棵树都如此长大，正如每个人。

最重要的无非是：时间，以及耐心。而我，会用三十年，等你长大。

孩子，你要了解人生的残酷吗？

那时，我女儿小年三岁吧，有一天露出很苦恼的样子，沉思默想——《一只丑小鸭的悲剧》里如是说："小孩子就不应该沉思默想。"

姥姥问她："年年，你想什么？"

她很伤心地说："我不漂亮。"

姥姥吓一跳："谁说的？"

她说："老师说的。"

姥姥吓了更大的一跳——幼儿老师不可能对孩子评头论足吧，这是最基本的常识："哪个老师呀？她是怎么说的？"

小年说："老师说：'夏美，你全家都漂亮。'"

这逻辑清晰可辨：美好者得到赞誉，那不被赞誉的自然就不美好。她还小，还不懂得何谓"不够美好"，而且人海浩瀚，每个人都有自己的价值观。她只是以其他人为镜鉴，推出了严峻的、属于自己的结论：我不漂亮。

姥姥，我们，都一时不知道如何跟她解释，幸好，她一会儿就忘了。

她四岁多的时候，有一天问我："妈妈，是不是每个家长都只爱自己的小朋友呀？"

我如遭五雷轰顶，不知如何应对。

我该说什么呢？答案是：是的，这就是人生。每个人都为自己的孩子争取利益最大化，在莽苍苍的钢铁森林里，大部分生物的行为与几百万年前的草履虫祖宗们相去不远：我们要把自己的基因传下去，这是 DNA 最原始的力量。爱昂贵罕有，所以我们"只爱自己的小朋友"。无数伤害的根源无非就是别人给别人的爱。他人即地狱，而我们身在地狱，但求杯水。

抑或答：不完全。有了自己的小朋友后，我们蹲下身，才赫然发现，还有无数的小朋友，与我家的小毛头差堪相似，一样脆弱，一样易受伤害，一样对成年人有无限依赖。善良的人，爱自家的宝宝，也爱人家的——甚至包括那些已经长得膀大腰圆的男男女女，因为他们，也曾是谁家的小朋友。

最后我模棱两可、似是而非地答："妈妈很爱你，也爱小蜜蜂、千千、嘟嘟。如果有两块糖，我会给你一块，另一块他们分。他们的妈也会这样做。"

小年一天天长大，越来越像一个女人，爱臭美，爱购物，而且爱得理直气壮："我就是喜欢买东西呀。"在商场看到金饰，眼睛里放出小星星："给妈妈买吧。"所有在场人士都为之气馁：人人都爱小年年，但小年年一心一意只要“给妈妈买”。

我当然很得意，事后反复提起，只为了听那一句“给妈妈买吧”。她重复又重复地点头，加一句：“不过金子肯定很贵，要好几块钱吧。”

我说：“为什么？”

她落落大方答：“因为金子很漂亮呀。漂亮的东西都很贵。”

有人说，所有真正美好的事物都是免费的，比如清风明月以及真爱。我向来不以为然：清风明月，要移民去环境好的国家。真爱，即使是父母子女之间，也要历经十月怀胎、三年养育、二十年的朝夕相处，更不用说普通的男女或者朋友。是，漂亮的东西都很贵，美物背后是稀缺资源，一代一代的匠人之心，无穷的技术追求，美人儿背后是基因、良好家境、严格的教养和顺利的成长。美丽，有如自由，从来不是免费的。

你要了解人生的残酷吗？其实你五岁那年就已全盘知道。只是之后渐渐长大的你，希望世间还有其他的公式定理。直面过惨淡的人生，正视过淋漓的鲜血，才能成为真的猛士——谁想？

正如此刻的我。我所知道的一切够写一本丑恶大词典，却仍对人世间，抱着美好的期许。

因为我们都不止五岁了，最赤裸的真理，总是最接近生物本能。而我，愿意终此一生，尽量地，让自己在本能之外，发挥一点点的理智、梦想与天真。

童年即将来

好多人以为我是全职作家。NONONO，这是一个错觉，我是全职母亲，兼职吃喝玩乐，偶尔写作。

所以，虽然工作不辍，但是，离开小年的时间从不曾超过一周，恰好是她猛一意识到妈妈不在，我已经神奇般出现在她面前，她抱着我开心得又叫又跳的节奏。

但这个春天，我接下一档冗长且不靠谱的工作，永远不知道哪天开会，有时连续几天都忙，有时一空几星期，我的时间表被打乱得一塌糊涂。我甚至会在北京待一两个月而无所事事，而且，见不到小年。

再见到我，小年很伤心，她偎在我怀里说："妈妈，如果我是卖东西家的小孩就好了。你卖东西，我就和你一起去。"

卖东西家的小孩？我没有听懂她在说什么。谁是卖东西家的？她渐渐地，从我胸口往下滑，我把她在床上放平，掖好被角，想起来了。

五一期间，小年来了北京，我隔几天就从楼下小超市叫一桶水。送水大爷发现了小年的出现，第二次来就带上了自己的小孙女儿。比小年小一点儿，害羞怕生，一直躲在爷爷背后，不理人。连小年这样的社交狂人都不知从何开口。

大爷带小女孩儿下去了，小年问我："那是谁家的小朋友？"

我答："爷爷家的呀。爷爷家里是卖东西的。"

小年牢牢地记住了。

再一次，大爷又带上了小孙女儿，可是小年已经回了武汉。换完水，大爷要走，我赶紧说："等一下。"冲到书房把给小年买的层层贴递过去。再羞怯的小朋友，也不会拒绝礼物，她伸手，把层层贴翻过来倒过去，紧紧地握在手里。

我经常会在楼下遇到她，她就在超市门口的一小段石阶路上玩，在或空或满的水桶间爬来爬去，沿着台阶上上下下。有一天微微下起雨，我看到她在湿湿的人行路上，起劲地跳来蹦去，是不知道谁画的跳房子方格，正在雨水的冲刷下渐渐消退。一个人跳房子，好玩吗？

去过无数次小超市，从来没问过小女孩儿为什么不上幼儿园。我不是皇帝，没资格愚蠢到"何不食肉糜"的程度。

到处都是卖东西家的小孩呀。附近的大市场，每日热闹非凡，经循例整治之后，生意冷清不少，大人们像大象或者长颈鹿般地消失了，于是小毛头们的身影，像雏鸟、幼鼠，怯怯地探出头来。

宠物店的地板上，一个胖娃娃就和小狗一起爬来滚去，隔着玻璃门，仿佛能听见两个都在哈哈大笑。

每天下午有一个妇人来收路边的垃圾箱，身边跟着脏兮兮的小女孩儿，和母亲一样快手快脚，母亲还不时呵斥她一声。两个人身上，都是与垃圾息息相关的脏。

经营进口零食的摊位，卖的食品均逼近保质期。我一面念叨：中国人的命不值钱，一面还是问老板："这个不要紧吧？"老板随手一指："我们自家孩子都吃呢。"小朋友就坐在摊后的小凳子上，眼观鼻，鼻观心，吃得很专心。我犹豫一下，想：还是不要给小孩子吃吧，快过期了……还是没说：是，中国人的命，不值钱。

一夏多暴雨，倏忽而至，大雨点子砸下来，市场像顿时空了，我撑了伞，好整以暇地逛。忽然看见两个小男孩在三轮下避雨，显然也是"卖东西家的孩子"，模仿着大人的口气，玩得很认真。一个喊："甩了甩了。"另一个喊："外贸的外贸的，纯棉的纯棉的。"我忍不住笑起来——立刻收住，意识到这笑里的无耻。

全中国人都知道的孟母三迁的故事，孟家曾经搬到市场旁，孟子就是我看到的小男孩，把做买卖当作过家家的题材。孟母不想孩子成为生意人，搬走。但如果孟家就是"卖东西家"，孟母是商家妇，孟子注定在市场长大呢？"同居长干里，两小无嫌猜。"（长干里是唐时的大市场街。）

只能说，出身即宿命，童年即将来。他们承担长辈的生涯，正如小年承担我。他们习惯父母讨价还价的口吻，正如小年看熟我电脑前的背影——她会学我思考时下意识抓头发的样子。他们正是缩微化的我们；扩大化的他们，就是我们。

所以，不说同情，不说安慰，因为这就是命运。只是，我在带着小孩的摊主前停下，挑挑拣拣问问价，价钱不算离谱，我就买了，虽然用不着——但这，也只说明我是个喜欢乱买东西的购物狂，除此之外，别无意义。

不要试图阻挡真实

动物园是名副其实的儿童天堂，所有小孩都殊途同途："猴子 / 大象 / 长颈鹿……在哪里？"有没有在蛇馆、两栖动物馆流连忘返的？那一定是天赋异禀，将来要名留生物学教科书的。

猴笼边里三圈外三圈，我拉着女儿小年四处见缝插针，突然发现人圈有个豁口，兴冲冲就往里进。正站在笼子边，正对着一只硕大的红脸猴，它正在……我抱着小年，拔腿就跑。

小年不明就里，一直恋恋不舍地向后扭头，抵抗我："我刚来，我还没看到呢……妈妈，它在干什么？"

我要能给你解释清楚，我跑什么呀？

路边的李子无人摘，一定是苦的；人山人海的猴笼边有了空落处……不用问了。

围棋班放学，我去接她，路边看到有人在卖小刺猬，蜷成褐色的一小簇一小簇，像会动的松果，萌得很。刺猬会不会叫？叫声是什么样？不知道，小刺猬们很安静。

我接上小年，三步并作两步，一路拖着她疾走："妈妈给你看个东西。"可怜城里孩子，永远是先看绘本上的小熊、小猪、小鸡，才看到真物版——有些还永远看不到，比如小恐龙之类。小年被我拉得脚不沾地，也感染了我的兴奋，连连问："是什么？"

到了地方，我拉着她就往人堆里钻："你看，就是……"呀，不好，摊主正在宰杀，一地鲜血，皮毛四散，如秋后的松针，一小团一小团粉红的肉体无辜地搁置着，像小小的胚胎。被剥了皮的小白鼠也是这样的。

我抱着她气急败坏地往外钻。她莫名其妙地问："妈妈，你让我看什么？怎么不看了？为什么呀？"我心里不停地自责：我明知道中国大部分人家没有养稀奇古怪宠物的习惯，甚至我自己都吃过刺猬粥。是著名的食补，对咳嗽有奇效。

只是……也许我当时以为没这么快。死神的剑或者能比一大一小的步伐来得慢几分。

总有躲不开、跑不掉的时刻。

我与小年坐在公共汽车上，被一场浩大的堵车所拦，周遭有一种难以形容的安静与肃杀。是小年，先发现了眼前的异常："妈妈，你看那只猫猫怎么了？"

啊，一只被车轧伤的小猫，痛苦地，在车道上翻滚、仰身。不知道是不是车窗关得太严，竟然听不见惨叫，它的每一记转折，每一个前仰后合，都是无声，都是血与肉的寂静哭号。

活生生的死亡，就在我们面前，我连忙用手挡小年的眼睛。许是吓得手都软了，被小年很轻易地拨开。她全神贯注盯了好一会儿，我三番几次试着挡她的眼，都被她推开。

“妈妈，”她轻轻问我，“它怎么了？”幼童，也意识到了死亡恐怖吧？

我硬着头皮说：“它，受伤了。”

“有没有人送它上医院呀？”

有没有人？我左右为难了一会儿，咬咬牙，坦白相告：“它应该……会上天堂。”

小年诧异地扭过身来，直视我的眼睛：“可是它不在家呀，不从家里出发，也能走到天堂去吗？”

车开动了，能暂时摆脱眼前的修罗场，让我松了一口气：“是的，到处都是流浪猫的家，它能走到猫天堂的。”

我明明是女子与小人，却天天三省吾身。头脑还在判断对错，身体已经做了决定。

在丑恶、痛楚与血腥之前，抱着孩子拔腿就跑，绝对是胆小鬼的行为。但连我自己都不想面对的事，谁会希望孩子目睹？

然而小年拨开了我挡在她脸前的手——她在用身体语言说：不要试图阻挡真实，那是我终将走入的世界。你不希望我看到的一切，她都会一一遍见。

我的手，只有这么小，而世界，无穷大。

接受世界的不圆满，犹如这世界接受你

作为小说的忠实读者，有些问题我始终大惑不解。比如《简·爱》里面，罗切斯特爱上了简·爱什么？才华和灵魂？可是书中的她，并非美才女；坚强善良？ OH NO，这是任何一个女子都会安在自己头上的形容词，其实大部分没有比别人更多的好心肠。在善良谱系上，我们都在中值徘徊。

还有，罗切斯特明知道自己是有妇之夫，为何冒昧举行婚礼？就为了让小舅子当众拆穿他吗？自然那一瞬的戏剧性惊心动魄，让人想起赵敏硬闯张无忌婚礼，周芷若素手裂红裳；或者报纸上的社会新闻：怀孕小三穿婚纱大闹婚礼，新郎说："全怪你妈逼我买房！"

偶尔遇到一位英国文学的专业人士，他不仅没取笑我，还答得认真："就是因为简·爱平凡至此，是没穿水晶鞋的灰姑娘，她的被爱，才格外令万千普通女性有共鸣；至于第二个疑问……

夏洛蒂不是专业作家，技巧有不圆熟处也情有可原。”他话锋一转，“所以现在的研究方向，主要都针对‘阁楼上的疯女人’。”

我惭愧于自己刨根问底的天性。而我无意中发现，小年，竟和我一样。

经常在玩过拼图、搭过房子、听过英语……之后，小年爬上我膝头，发号施令：“妈妈，我要听故事。”偎着我，指挥我在电脑里挑故事：《白雪公主》《贝贝熊》，以及她的最爱——《一只会开枪的狮子》。

有一个故事，《小白兔捡蘑菇》，说兔姐兔弟去捡蘑菇，兔弟不听出发前兔妈的教育，捡了一堆七彩毒蘑菇，兔姐却捡了半篮不好看的，黑的、白的、褐的，才是无毒无害，全天然环保产品。小年听得全神贯注，突然问我：“妈妈，一半黑一半白的蘑菇，有毒吗？”斑马菇？有这玩意儿吗？我信口答：“可能吧。”小年诧异地扭过身问我：“花菇不就是有黑有白吗？有毒吗？”我“啊”的一声，赶紧说：“花菇没毒。”“上次你拿回来的红菇呢？姥姥还做了鸡汤的，我们没有中毒呀！”——红菇，乡野朋友所赠，说是珍品，也委实滋味浓厚，是暗沉沉有如凝血的红。我心虚地答：“年年，咱们吃的菇都是菜场超市买来的，不管什么颜色，都没有毒。”

另一个，乃是著名的《小红帽》，大灰狼大口“啊呜啊呜”吃掉奶奶，小年欢快地说：“没有嚼。”再狼吞虎咽小红帽，她叫得更开心：“它没嚼，它没嚼。”问：“妈妈，要是大灰狼嚼了，小红帽就死了吧？就拿不出来了吧？”我的脑海中难免浮现小红帽化为肉糜的形状，混着胃液……我趁势对她进行健康饮食教育："所以你吃东西的时候，一定要细嚼慢咽，不能一口气吞下去，要不然，将来说不定就拿出来了。"她理直气壮地答："可是鸡腿本来就是死的啊。"

还有一个故事，令我吃惊不小，叫《不听话的小孩》：大人对小朋友说："不要去村口，有巨人。"可是小朋友不听话，去了。第一次被巨人擒获，巨人准备炊具时，他趁机偷逃；不吸取教训，又一次溜去，被巨人逮个正着。这一次，巨人学乖了，把他塞在椅子下面，自己坐在椅子上，一边煮汤，一边粗暴地说："你伸出一条腿，我要煮来吃。"他乖乖伸腿，巨人锯下，丢到汤锅里。即使是为了教小朋友学乖，也未免太血腥。再一想，传统道德故事，比如中国的"郭巨埋儿"，莫不阴森可怖，名副其实的黑童话。好在儿童故事，一定会有圆满结局。小朋友还是借机脱身，而且四肢俱全。原来，他伸出的腿不是自己的，是椅子腿。

这时，小年发话了："椅子腿锯掉了，椅子就不平了呀！难道巨人不会发现吗？"是呀，尤其巨人还坐在上面。

"而且椅子腿和人腿不一样呀。"她伸出小手比画尺寸，"椅子腿只有这么细，人腿这么粗，而且椅子腿不会出血，巨人看不到吗？"只能这么理解：巨人是一个有坏心无坏力，先天低能，外加双目失明的残疾人，虽然块头大，但其实人畜无害。

我无言以对，只能嘿嘿笑道："小年，你逻辑还很清楚嘛。"我原想借题发挥，教给她听话的意义，外面世界的危机重重，急中生智的重要性……还是下次吧。

但小年的质疑，并不影响这些故事成为一代又一代小宝宝们的睡前恩物，醒时的白日梦。文学和生活，都一样破绽百出，编不圆的谎言也会是经典，因为说了永恒的誓言、永恒的爱恋和永恒的常识。

我不愿小年说："童话都是骗人的。"也不想她失去质疑的能力。我只希望，别因少许的情理不通，就忽视它的直指人心；更别因它给你的打动，就拒绝承认它里面的虚伪荒谬。瑕不掩瑜，瑜不掩瑕，方是美玉。接受世界的不圆满，犹如这世界接受你。

而我所说的，不是故事，是人生。

爱的国度不需要智力

他们都叫他：苕货。他就笑嘻嘻地应。

我家对面有个免费开放的公园，我妈时常过去锻炼，我有时也去。不逢年节，公园里往往人丁稀少，只有清洁工，拿着大竹帚，哗哗地扫落叶。他看到我们，热情招呼。我却不由得心里震一下：那是一张很明显的智障脸孔：扁平，塌鼻梁，双眼分得很开。看他笑得那么阳光灿烂，才放下心来。

我们在亭子里闲坐，他也过来，拄着竹帚跟我们聊天，说话颠三倒四：“婆婆，你吃过盒饭吗？中午，好吃，十块钱四样。”高高伸出五个手指来。

我懒得理他，倒是我妈，一搭一对地跟他聊：“是吗？很好呀。”

有同事经过，吼他一声：“苕货，莫偷懒，快干活。”他响亮地应一声，快步跑开，继续笨手笨脚扫地，把落叶杂草往一处堆，乍看东一下西一下，也渐渐扫出个样子来。我妈看我一眼，说：“你看他扫得比你还干净，你做家务这事吧，还不如个傻子。”

我提醒她：“别叫人傻子，不尊重。”

我妈说：“也是。不过他也不懂。”

不懂大概也是一种幸福吧：不知道何谓得到，就尝不到失去之痛；听不出弦外之音，就不会被毒舌所伤。能永远没心没肺，很可能比“心较比干多一窍”快乐。

不知道他是不是唐氏儿，虽然脸相很像。我看过资料，唐氏儿大多有心脏病，活不到成年。但他看去已经有四十多了，胖乎乎的，穿着也干净体面：冬天大棉袄，夏天小 T 恤，依时加减，不落人后，显然是被照顾得很好的。

公园里其他管理人员有时也会过来聊天，告诉我们，他是职工子弟，从小就在这园子长大，父母退休后，单位照顾职工，给了他一份不用动脑的工作。钱虽然不多，也算自食其力。他是家里最小的，虽然有病，父母哥姐却都很疼爱他，所以他无忧无虑，只要吃饱了，每天都很高兴。

那段日子，我正陷在情绪低谷里。有时，不为了锻炼，也去公园走走，往往是露深霜重的黎明，或者是抬头不见星光的夜。园里一无人迹，站在湖边，水声拍岸，像低低的呼唤，我霎时起意，想跳下去。最痛苦不堪的时候，我想到这个扫地的智障者，想：下愚者不及情，他比我快乐。

秋凉了，我又和我妈去公园散步，遇到他在扫地，他抬头看到我们，呜咽着叫了我妈一声："婆婆。"满脸都是泪。

他胡乱用袖子擦了一下脸："婆婆，我妈妈死了。"他用手指指地，"他们把她埋到地下了。"张开嘴，小孩一样，放声大哭起来。

哭着哭着，想起来手边的活计，就边哭边继续扫地，手下全无准头地乱挥一气。一路扫一路哭，隔很远还听到他的哽噎。

我看着他，心里好难受：如果他妈妈知道，一定宁肯他愚傻到底，什么也不明白，至少他现在不会哭。他可能不懂何谓死亡，但，他懂妈妈爱他，他也懂妈妈不在了，再也不会回来了。

爱与被爱，不需要智力。

在爱的国度里，我们和他一样。

如何对待熊孩子

这个夏天，我在欧洲待了快两个月，回来之后，一上微博微信，嗯，我什么也不曾错过：还是那一套，骂凤凰男，骂熊孩子——但我，突然难过起来。

在欧洲，我第一次知道“爱幼”是什么意思。

我带女儿在老佛爷逛了大半天，出来时正是盛夏的炎炎烈日。可能是室内外温差来得太猛，她突然流鼻血，我手忙脚乱找餐巾纸、找水，身边一个个行人停下来，问我：“Can I help you？（我能帮你忙吗？）”我说：“I want a taxi.（我想要的士。）”有人帮我跑到街面上拦。

最后一天在机场，我拖着箱子，背着大包，手里还挽了两个带随身衣物与食品、饮用水的包，女儿也背着自己的小背包。向工作人员问路，人家问我：“你们是属于一个 group（团队）吗？”现在理解起来，他应该是问我是否跟旅行社或者还有其他同行者？但我当时听得似懂非懂，点头，指指自己，也指指女儿，认真地说：“是的，I and her。(我与她。语法全错。)”人家答：“Follow me.(跟我来。)”为我开放了人工通道。我经过排大队的人群，第一个进闸。我知道我是沾了孩子的光。

欧洲人真的对小孩很好，可是，就像大家都知道的一样，很少在公共场合见到熊孩子——大吵大闹的，没有；撒泼打滚的，欠奉；小孩叼着安全奶嘴，跌跌撞撞，走来走去，啪，摔一跤，哭几声，也就好了。

有家这两年很火的时尚餐厅，明文标示：不欢迎带小孩的顾客。旗帜鲜明地，要保护成年人的清静。

我自己的经验告诉我：只要带婴儿车出去，无论怎么站在路边招手，所有的士都一脚油门，从我身边疾驰而过。听一位司机大哥吐过槽：婴儿车要开后备厢，麻烦；带小孩，上下车都动作慢，耗时；而且一看就知道是家在附近的，去不了远处，十块钱的活不值当，弄脏了车更是事儿。我不知道说什么好，只能讪笑。要去怪他们没有同情心吗？

我目睹过吵架，在飞机上一直哭的小婴儿，被邻座呵斥。这家父母急了：“你以为我们想让他哭吗？你还是不是人？”吵得惊天动地，空姐以命相拦，小婴儿受吓，哭得更大声了。

大家都这么讨厌小孩子，所以就更能理解，为什么有一个题材总在被口诛笔伐：熊孩子。人人都在控诉，翻自己抽屉的亲戚小孩，餐厅里大闹的小孩，在公交车上偷窥裙底的小孩……我相信一切都是真实的，但是有没有一种可能性：我们对小孩越不宽容，给予的榜样越恶劣，小孩就只能学“坏”。因为在他们目力范围内，没有“好”。我们的爱都给了自家小孩，但我们忘了，我们对别人家的孩子要多狠，别人对我们家的孩子就有多狠。

那随身带着收音机，放着巨大音量红歌，招摇过市的老爷爷，你能指望他养出安安静静不打扰其他人的小朋友吗？那在公交车上看到抱小孩的妇女假装睡觉的年轻人，当他有儿有女之后，会是什么样的父母？两个带孩子的年轻妇女，肆无忌惮谈论各自的婆婆，一口一个“××”，路人侧目，而她们若无其事，理由是：还小，不会说话呢。在生命的起点，接触的就是脏话与恶意的孩子，你要他言谈文雅？搞笑吧。

身为成年人，我们首先表现自己的粗鲁、贪婪与全无体恤之心，而当我们看到孩子们——尤其是别人家的孩子身上，居然表现了这样的品质，我们就开始惊呼：熊孩子呀！谁也不去照照镜子，看看自己的嘴脸。

要改变熊孩子，先从不做熊大人开始。所谓文明，无非就是两条：一、如何对待爱欲中的自己及对方；二、如何对待弱小者。

圣人早就说过：幼吾幼，以及人之幼。学会爱，也学会爱别人家的小孩。

最后还在你身边的人

我从未想过美国高中会干涉学生的早恋——我一直以为“早恋”是一个中国独有的词汇。从来都认为美国妈妈会往孩子书包里放安全套。电影《朱诺》里，17 岁的未婚妈妈朱诺，获得了所有人的支持与帮助。性生活都稀松平常，何况只是恋爱？

也许并非如此。

我的外甥女儿小满在布莱尔高中第一年，与她同期赴美的两个中国学生便开始双进双出，在食堂同吃一份沙拉。这是可以理解的事，才十五六岁，一下子从父母身边被抛到这人生地不熟的地方，功课、运动、社交……像大潮扑面，永不止息。压力面前喘不过气的人，紧紧抓住身边人的手，是一种本能。

每周，小满要与她的指导老师（大约相当于中国的辅导员）面谈一次。这一次，指导老师问她：“对那两位同学的交往有什么想法？有没有羡慕？有没有动心？”

老师温柔地说：“你们才来美国，语言还没过关，每天上课用英语，下课用英语，很辛苦，能有人在一起讲中文，轻松很多，但是不是因此失去了锻炼英语的机会，语言关更难过？

“你们在国外举目无亲，有喜欢的人一起吃饭，一起打球，当然很好。但本来你可以借吃饭、打球的机会，多结识些同学，把陌生人变成朋友的。”

老师最后的结论是：“一定要多结交朋友，也包括异性，朋友像家人一样重要，学会恋爱也是一生的功课。但这并不意味着，在中学时期，就要给身边的异性贴上‘男女朋友’的标签。”

如果社会是大舞台，学校就是后台、化妆间与准备室，所有的功课其实都是学习如何更好地融入社会。而恋爱，是两个人的手牵手心连心，建成一个属于自己的小世界。小世界的围墙，会隔绝掉大世界的春光。

正在长大成人，终于能松开父母的手独自前行，为什么不珍惜这自由，探索每一片原野，游弋于每一片海域，而急着把自己圈在小花园、小池塘里呢？

除了与学生谈话外，指导老师还每周会与家长通一次信。我作为家中的专职翻译，读到这一番锦心绣口，感动不已。

中国社会在中学生早恋问题上，往往走极端。我自己读中学的时候，学校、家长都视之如水火，畏之如虎，恨不能硬性隔离男生、女生。为此，女生都被家长穿成大妈，男生也被教育以不修边幅为美。无论男生、女生，大考之前通宵达旦复习，不洗头、不洗脚的光辉事迹，都会在大会上点名表扬的。

后果就是这一代人都不懂如何恋爱：明明是表达情意，嘴还臭得很；一吵架，又直接退行到幼儿园小朋友水准：我不和你玩了。自我中心，自以为是，对身体接触总有着下意识的嫌恶——多年前的脚臭，还绕鼻未去。

到了现在，风气大转，给我写信的初高中生，信里的若无其事，让我这种中年妇女坐立不安：该说什么？抑或，说什么都没用了。

他们口口声声："听从自己的心。"但能分清什么是心什么是感官，往往要到四十不惑。

美国老师的一席话，让我受到了启发：

青涩的爱欲，正如三月花会开，预示这将是一个风调雨顺的好年景，植物都蓬蓬勃勃。春和景明，万物美不胜收。十几岁，对异性怦然心动，是大好事，证明他或她身体健康、心智良好，并非"东亚病夫"；也没有饥寒交迫、国难当头，完全想不到男欢女爱。

有欲念，是否就要马上实现？不见得。你喜欢体育委员的高大潇洒，也觉得学习委员前途无量，你刚知道"看脸"是什么意思，你又霍然发现"看身材"的美妙。世界像个大超市，货品琳琅满目，你什么都想尝——那就尝吧，有免费的试吃品给你。你可能与第一口就一拍两合，但别忙，多试几种，更惊艳的肯定在后头。一个超市，几万种货品；一个地球，几十亿人。

这不是恋爱的年纪，却是交朋友的年纪。有些朋友，用来分享心事；有些朋友，用来共同创业；有些朋友，会让你受伤，你才领悟：不是睡在上铺就是兄弟，不是坐在同桌就是闺密。第一个向你示爱的男生，会让你心里开出一朵花，但且慢答应，还有第二个，第三个……你会慢慢发现，大部分你喜欢过的人，最后都只能是朋友或者朋友的范本。

这是一个漫长的过程，伴随你自己的身心俱熟。而你要在青涩之年，就耗掉所有零花钱，孤注一掷扛大礼包回家吗？小时候你最爱的浪味仙，长大后你还吃吗？你糟蹋了自己的时间、心力和可能性，也浪费了对方的青春。

与其早早限定人生，长大后再浩叹“初恋时我们不懂爱情”，不如诗酒趁年华，多交些好朋友。而如果你运气够好，朋友来来去去，剩者为王，最后还在你身边的，就是这一生最后还在你身边的人。

自由不能来得太早

不时在坊间看到新闻：未成年人的大肚子。童颜，巨腹，从16、14、12……最近的一例，是10岁，怀孕五个月。每一例都值得触目惊心，但“都值得”就等于“都不值得”，到最后，连打开链接的兴趣都没有。

不能怪我麻木，这一两年我上了一个问答网站，大开眼界。网站以知性、知识为主体，涉及性的板块也大大方方搁着，并没有“18岁以下禁入”的字样。问题有些很纯洁：“第一次接吻的感受”，答案里有一堆写到教室、校服的；有些像是学术：“未成年人的性行为是宝贵的还是有害的？”还有一些很夸张：“高二女生想约炮怎么办？”这是我恨不能去报警的题目，但毫无疑问，下面的回复大部分是“请联系我”。

我不想揣测网线那端的嘴脸。不怕犯法吗？不怕，因为不违法。强奸幼女是指“故意与不满14周岁的幼女发生性关系的行为”，超过 14 周岁，法律就敞开了大门。

不怕报应，不怕天理人心，举头三尺有神明吗？我哂笑自己：这年头，谁信这些呀？

又因为好奇，让朋友拉我进了几个与性有关的 QQ 群，真正三观碎一地：里面有大量的小学生，十一二岁，说话扮老成。在该上课的时候，他们聊得飞起。话题之生猛，口味之重，让我忍不住想插嘴，想干预，想苦口婆心，毫无疑问，被嘲笑了：“大清早就亡了。”“你站在道德高地上，不冷吗？”

要怎样才能告诉他们，在他们面前，还有七八十年的漫漫长路，肉欲的快乐太甘美，一旦沉溺，很难爬起来。

很容易以为是单亲家庭或者留守家庭的孩子，在寂寞里寻求一线人与人的光。但并不全是，许多孩子都家境优裕，天天晒着自拍，炫着护肤品，秀着各地风光，说起爸妈家人来，也是亲亲热热。

我也接过许多读者来信，高中生、大一大二的女生，说到去和网友见面，被强暴。我静默了一会儿——我能建议她们报警吗？不能。她们对对方一无所知，名字、住址、电话……只有一个 ID、一个 Q 号或者微信号。留了证据吗？没有。男人会用套，她们会出于惊慌与羞耻，扔掉被撕破的内外衣裤。我想象她们的挣扎、叫喊、无助，如鹰爪下的鸡雏……我只能说：“这件事就过去了吧，下次注意安全。”

但我想咆哮，对他们的父母：你们都死哪里去了？你们有没有想过网络上有什么，成年人能接触到的东西，孩子们也不能免。有时我搜个儿童简笔画，都能跳出色情图片；主页也会自动弹游戏广告，是呻吟声，咿咿啊啊，吓得我忙不迭去关。

你们有没有监控过孩子的一举一动，白天除了上学，他 / 她有没有机会离开校园？他 / 她每天在手机上看什么、聊什么？好友列表里都有谁？是否有大灰狼不动声色地潜伏？

是否你们自己就做过出格的事儿？浏览黄色网站、下载 AV、外遇、嫖娼、找小三……我知道有位年轻的母亲每次与情人开房都带上孩子作为掩饰，以为孩子还小，什么都看不到、记不住。这是自欺欺人，她有意无意间，成为孩子的第一位性启蒙老师。

我无意谴责任何一位家长，我知道有些纯粹是疏忽，拿手机当哄孩子利器，以为孩子只会玩打星星和连连看，没想到孩子无师自通了许多功能。也有些是现代化的教育理念，愿意顺应天性，让孩子跟随内心的声音：生在网络时代，必定是网络之子，总要在游泳中学会游泳。但你要把不谙水性的孩子直接扔到天然海域吗？没有拦鲨网，只有剧毒的水母；没有教练和救生员，只有滔天巨浪。每年都有孩子溺毙，你希望那噩耗来拍你家门吗？

性与爱不是洪水猛兽，它像火焰，带给人类一代代繁衍生息的可能性，点燃我们的生命。对火的迷恋，写在我们的基因里，要多大，才能玩火而不自焚？至少不是十五六岁。

也许对未成年人来说，自由不必来得那么早，安全地活到成年，是更重要的事。

妈妈得活着，才能救孩子

许多年前，我读到袁枚的《祭妹文》，悲叹妹妹的不幸遭遇，也感慨不该教妹妹读圣贤书，否则，她就不会执迷于“三从四德”“不嫁二夫”的理念，让自己一步步深入火坑：自小许配，男方不成器，公婆不想耽误她，托词退婚，她答得傲骨铮铮：“病则治之，死则守之。”婚后，男人花天酒地、家暴，她默默承受；男人把从花柳场所传来的病过给了她，令她生下梅毒致畸的女儿，她唯俯首垂泪；直到最后，男人要把她卖给妓院了……

许多年后，我看到无数女性婚姻中的悲苦，也经常有袁枚的想法：是什么样的观念坑了她们，害了她们？

有一位重庆的女医生，受家暴多年，试过逃离，还是回来了，她的理由是：舍不得一儿一女。她才中年便中毒身亡，尸体上全是伤痕。娘家认为她是被灌毒，丈夫一口咬定她是服毒。如果真是后者，已经走投无路到打算自杀了，何不提起刀斧，砍死那个渣男？服毒身亡是死，杀人偿命也不过就是死。

我看过新闻，难过很久。她是受过高等教育和专业技能培训的知识女性，有自己的诊所，完全有能力自养、养大孩子，是什么让她挨打挨了这么多年，至死方休？

也许是为了孩子，但让孩子在这样的家庭长大，从小就知道男人打女人天经地义，是好的吗？里面有些细节毛骨悚然，男人追打她，路人对她的小女儿说：“你去劝一下。”七岁的小女儿笑嘻嘻地答：“我不劝。”是看习惯了吧？觉得家常便饭，一点儿也不出奇。

也许她对他还有爱意？太鼓励女性透过现象看本质，无论这男人多么禽兽不如，她总觉得：他本性不坏。他也给自己买过花，陪孩子上过医院……她舍不得他。

抑或是她觉得离婚是人生失败，不愿意面对接受？要么是斯德哥尔摩情意结作祟，她也认同自己就是一个欠打的女人？

到现在，她死了。孩子长大后将如何思索这件事？他们会认为“母亲是为舍不得我而死的”，且终身背负“我不杀母，而母亲因我而死”的罪孽，还是……

后来又看到了内蒙古一位女记者的案例，是直接被丈夫活活打死的。这也是一桩从头到尾都是错误，一步步步入火坑的婚姻，在每一个关头止步都有可能挽救悲剧，但是没有。

还没结婚，她的父母就不喜欢他，但她要嫁。

婚后第一天就五次家暴，是公公拦阻疯狂的丈夫，让她逃回了娘家。父母建议他们离婚，她拒绝了。

她怀孕了，这也没拦住丈夫的拳头，被打到流产。娘家人写了诉状递到法院，到后来，她还是回去继续过日子了……

怎样才是个头？

是的，被打死就是头了。

我没有非议死者的意思，我也不想是站着说话腰不疼的旁观者。我自己曾面临痛苦抉择，明知道已经万劫不复，却拒绝相信，夜夜辗转难眠，想：会不会还有别的可能性？要不要试试这个试试那个？我不忍离散，我不愿承认自己瞎了眼做错了选择，我经常幻想奇迹。我无人可以倾诉，其他人多半在听之前已经下了结论，劝慰往往要带上一两句：“你也要自己反省……”

我相信，被家暴的女性，曾经历过的内心煎熬远超过我。她们一定想到了方方面面，老的小的，想每位都成全，人人都不伤害。她们会想：只要这个家在，就有希望。她们没有想过：她们一旦死了，就没有这个家了，就没有希望了。

对女性的保护，也许要从源头开始，要从她们童年起就教会她们：有些旧观念，不见得你一定要遵守。

比如“大局为重”，什么是大局？你公婆的晚年快乐，不是你的大局。

还有“男人就像孩子一样”，淘气、自私、不听话这方面确实一样，但孩子能够教育，男人就不能了。

最后是那句最紧要的“为了孩子”。飞机上的安全指示永远都是说，父母要先为自己穿上救生衣，戴好氧气面罩，再为孩子穿。很简单，你得先活下来，才有机会救孩子。否则，你死了，把孩子一个人抛在世上当苦海孤雏，还不如带孩子一起走呢。

04

你是女生，不能掉队

人生行路是很累的，有时候真的很想“陌上花开，宜缓缓归”。会有的，当你能够安身立命，当你到达某一个平台。而现在，还年轻的你呀，眼前多的是名山大川要——经历，“你是女生，不能掉队”。

纵有金玉良言，不说也罢

我坐在银行等着叫号，听见身边两个女学生在聊天，说过考试、隔壁班的男孩子，话题自然地转向减肥，一个向另一个推荐："每天早晨空腹一杯黑咖啡，效果很好。"

"会伤胃。"我情不自禁插了嘴。

韩国电影《重返 20 岁》里，重返 20 岁的老太太，换皮不换心，换颜不换嘴：见什么管什么，对年轻人指手画脚，喋喋不休，十足十的母仪天下。我看我也快了。

女学生们大概已经习惯了大妈们的横加干涉，笑着对我说："真得胃病就好了，永远不会胖了。"

我于是不再说下去。

该怎么和她们讲胃痛呢？她们经历最痛的事无非是生理期，膝盖磕破皮，喜欢的男生和别人暧昧，让她们如何去理解痛得死去活来？理解痛不欲生？而曾经年轻的我，又听过多少老生常谈而不以为意？

十几岁，最生涩的时候，我经常干一些奇奇怪怪的事。比如说淋过雨，故意不去洗澡换衣服，就让湿衣服茧一样紧贴在身上，一种黏糊糊的肌肤相亲。身体的热气慢慢蒸干它，低头能看到袖口襟边，雾白的水汽隐隐升起，突然自觉是仙人，不言不动间都有云烟蔼蔼，随时振翅飞去。

这人造诗意实在太蠢，不知多少大人提醒我：老了会得关节炎。老？我耸耸肩，若一剑成名，三十而逝也不可惜；若一事无成，活过三十便是耻辱。

我现在四十已过，还活着。你要问我的关节情况，有满柜子的秋裤、暖宝宝、厚羊毛袜为证。自作自受说的就是我这种人。

所以，当我看到腾讯《你正常吗》做的调查：成长过程中，哪些道理让你懂之已晚？ A. 身体是革命的本钱；B. 人丑就要多读书；C. 多谈几次恋爱吧；D. 我只不过是一个普通人。得分十分平均，各有四分之一左右网友选择，而其中，50 岁以上的网友有 50% 以上选 A——与我心有戚戚焉。

大部分人和我一样，年轻的时候，最不爱护的就是身体。

熬夜看球、考试、恋爱——贪一时半刻，不假思索用睡眠去换。几天不眠不休也不在乎：没事，补得回来。直到有一天，开始失眠，躺在床上头痛得要裂开，小腿肚酸痛，身体里藏着一个巨大的哈欠就是打不出来。明明困乏至极，但睡不着。换床单，换枕头，换姿势，换床伴……都没用，难受得要疯掉，知道饱饱睡上一觉能治百病，却无法自控地醒着，醒得很痛苦。

总有一天会明白，深夜看直播和第二天看重播是一样的。你还会发现，知识是学到自家肚子里的，考前的抱佛脚是捏着鼻子拱眼睛，极其不明智。你更会领悟，没有任何一个人，值得你夜深了还不肯睡……但你的身体，已经不可逆。不是没从书上读过：做学问，不靠拼命靠长命。话记住了，但老以为是例外。

人与道理，往往相遇恨早，却相懂恨晚。

这样的金玉良言我还能再补上几条。比如：不要借钱给朋友，否则钱和朋友都会和你说拜拜。

这种丢脸事我干过不止一次，有几笔债永远追不回来。一次，“朋友”火急火燎打我电话，说孩子发高烧在医院，向我借住院押金。我等了一个月不见还钱，再打过去，电话关机，最后“您拨打的号码不存在”；找到他单位，人已辞职；问到他住处——原本就是租的房子，约满不续。

幸好不是一夜情认识的，还在一个圈里混饭吃。大费周章，找上他的新单位，他居然拿黑社会威胁我。用了一年，我才追回钱，电话费、找的人和耗的心血时间不必说了。我没问他孩子是什么病，他也没提，也许他根本就没小孩。

还有，不要相信男人的誓言。

一段情，我被狠狠地辜负。最后时分，他理直气壮地说：“我答应过你什么吗？”我气个半死：您没对我许诺了又许诺，应允了又应允，难道是我幻听吗？恨不能把聊天记录、电子邮件打印出来摔他脸上。

但是渐渐地，我听到了许多男人对誓言的不同解释：“男人的承诺，有时候是女人逼出来的。”“承诺就是话赶话，你一言我一语被挤对到这份上了，不能不说。”“就像你进了教堂，牧师问你愿不愿意，管你心里愿不愿意，都得说‘I DO’吧？”“所谓承诺，不就是场面话？逢了这个场，得做这个戏，得说这套话。”“男人嘛，什么话都说得出口，什么话都是随便说说。”也就是，他言者无意，故而雨过无痕；我听者有心，因此滴水穿石。谁是谁非？至少各打 50 大板。

打住打住，再说下去，就是怨妇吟了。另外，我自己的阅历可以涵盖全世界吗？我人财两空，是否意味着其他人全心全意对朋友，一定颗粒无收？我所遇非人，能否一棒子打死所有心怀爱意的少年郎？恐怕不行。

就像《你正常吗》里面的四个选项，至少第三个我就不太认同：恋爱又不是卖保险，门敲得越多，推销出去的保单越多。明明所遇非人，却坚持一生只爱一个人，是迂腐；前后左右都不是人，却矢志要大浪淘沙、以量取胜，也太累了。我完全相信这是某些人的血泪史，但历史——尤其个人史，不是一则寓言。

要不要给年轻人提建议，当他们的指路明灯？我的想法是：我想到什么，我便写什么。书写是我情绪的出口，也是我思索的过程。一步步地推演，中间哪怕千疮百孔，至少贵在真诚。我告诉读者的，并非定理，只是发生一次事故，一个劫后余生者的一段肺腑之言。

如果你被我打动，多半只因为我的遭遇与你不谋而合，我打心窝里掏出来的话，说到你的心坎上。你弹出泪来，仿佛遇见知己；而我欣慰地舒一口气：好歹有人懂得我。

但如果你是一个面对面的活人，你有自己独特的人生观、行事模式、奇思妙想，只要你不来请教我，我尽量闭嘴。你可能豪情壮志：世界这么大，我想去看看；你也许天真如当年的我：朋友有通财之义，何况爱人？你说你想过了，你输得起，你愿赌服输。我心想，你早知是输定了，何必还赴这不赢之约？但我——努力闭上嘴。

因为，我还没老成九斤老太，知道不能从有限经验推出无限结论。不因为我吃了一堑，就得逼全世界长一智。不能说，我在哪里摔了跤，就一辈子得站在那儿举着牌子“小心地滑”。我擦火柴烧了手，就把“不许擦火柴”当作家训传诸后代，才不管现代的孩子，根本不认识火柴为何物。

最重要的是，你不会听，正如当年的我。我所有的人生智慧，都来自亲身摸爬滚打，再倒回去，和书本知识对照。不曾跌过跤的人，不会相信地心引力的不可抗拒。而等摔过了，旁人也就不用说了。

所以，纵有金玉良言，不说也罢。即使那些非说不可的话，像“财不可露白”“安全至上”，抑或放之四海而皆准的，像“身体是革命的本钱”，说一次也就够了。

在这世上，我们能耳提面命、反复唠叨的，无非是自己的小孩——连他们，到一个阶段后，也不肯听了。

楚门的世界

楚门后来怎么了？

他像所有人一样长大，读书，上班，结婚，母亲慈祥唠叨，妻子美貌端庄，老友知根知底。他一生最大的痛，是曾眼睁睁看着父亲溺水身亡；他的小烦恼，是每天都会有极品的上司和客户给他出状况。也没什么，世事不如意常八九，对不？但，他渐渐地发现了真相：母亲是演员，妻子的甜言蜜语都只是在为产品做广告；父亲的猝逝，是演员被炒了鱿鱼，不再续签；老友诚恳地说："即使全世界都在骗你，你至少要相信我没有。"当然是台词，当然老友也是演员。他是一个活在摄影师下面的假人，他的存在，就是一场数十年的真人秀。"楚门"的意思，就是真人。最后，觉悟的楚门出逃，独自划小艇经过他以为的海，狂风大作，但他终于到达了终点——摄影棚的门口。制片人一声声唤他回头，他没有。

《楚门的世界》到这里就结束了，我却无端地想知道他的未来：摄影棚里拿的学位有无含金量？轻喜剧里的工作经验作数吗？他没有师兄弟，没有人脉，不能拼爹，他将如何重新开始……但也没什么，他面临的，相当于所有新涉社会的年轻人：一肚子书本知识，对真实世界一窍不通，空怀壮志，遇到问题却只会束手无策，而他，将自此迎来一生中所有的犯错。

婴儿是不会错的，任何东西都可以往嘴里放，吃了不该吃的，全怪大人粗心大意，把不合适的东西放进摇篮。青少年的错全被原谅，你厌学，你打架，你迷茫，你冲动，全社会都反思教育的失误；你误入歧途，大家心焦如焚；你浪子回头，宇宙星辰都为你喝彩。大学生是青春期的回光返照，你犯的错得部分埋单，比如说逃课逃到一定程度，贵校就不给你毕业。爱错了人，可能伤害终生难愈，你伤过的人，也许地老天荒都不原谅你。但你总能找到地方痛痛快快哭一场，再愚蠢，再幼稚，再荒谬，家人总愿意一边抱怨，一边帮你收场。

步入社会，就开始“步步是错”。迟到 30 秒，一定扣奖金；惹毛上司，绝对没好果子。不抱怨、不解释不仅是英国贵族的骄傲，也是全体职场人的准则——反正没人想听。开会时你带好了纸和笔，却不知道该记什么，时间、地点、人物吗？脑海里飘满了拖鞋，笔记本上画满了蜻蜓。鲜少有人教你何者为对。交上去的文案总被打回来，闲聊时人人都在开黄腔，为什么你一接嘴就是难堪的冷场？从来不会有人告诉你错在哪里。

成人的规则都向你袭来：过年不再是跟在父母身后，说一句“恭喜发财”，再道一句“红包拿来”，恰恰相反，现在要发红包的人是你了；你最讨厌的庸俗无聊，居然成为你生活的主旋律，你在酒桌上、相亲地、朋友府上，听着、说着种种无味的闲话，微笑点头。

总有一个刹那，也许是顿悟，也许是渐悟，那些人与人之间的虚荣势利，那些心思与算计，你都将了然于心。冷酷不一定是杀人见血，一次袖手旁观就可以。你开始懂得一旦落井，必会有“朋友”来埋你，而不曾被埋过的人生不完整……

但，我相信楚门不会回头，哪怕真实世界有这么多的危机四伏，它到底是可亲的，是握在掌心的一段温热，人性如裸女，有丑如罗刹，就一定有美如维纳斯。

恭喜出发，恭喜你有了犯错误的机会。到最后，铁皮人会得到心，稻草人会生出脑，孙悟空会成为斗战胜佛。

像小红帽一样

我小时候得到过一个标准答案："你是从垃圾桶里捡来的。"以至于我认为每个垃圾桶里面都有一个宝宝，需者自取。我于是每天辛辛苦苦把街上所有的垃圾桶打开，想捡一个小弟弟回来。

答案并不出奇，只证明我问过。我恰恰就想不通这"问"：是什么让小孩子意识到世上原本没有"我"，某一个契机让"我"来到这一时空？我从来没见过有小朋友问："爸爸妈妈从哪里来的？"我小时候以为他们天经地义就在这里，而且会万古长青，永远存在——我错了。

总之，我还没找到原因，小年已经问了："妈妈，我从哪里来的？"那时，她四岁。

我说："你是妈妈生的。"

她说："那为什么可可姐姐说她是变出来的？"

我一听就安心了——我最喜欢这种超现实的解释了："她可能

是变出来的吧。”

“那为什么我是生的？”

我厚颜无耻地答：“生就是变，一回事。”

我们这一代妈妈，已经不会再给出“垃圾桶”答案了。但……有一位我想不起名字的童书作家，在早餐时间，被女儿问起，他深吸一口气：“到底来了。”正好桌上有一道豌豆，就举豆为例，深入浅出了一番。女儿瞪着他，看看豆子，盘子一推：“好恶心呀，我再也不吃了。”果然终生不吃豆子。怎样才能说得既清楚明白又不引发人对生殖的本能嫌恶？我自问没这本事。

她五岁那年，我带她去桂林玩，在机场大厅陪她逛书店，她信手就抽下了一本《我是从哪里来的》，翻开第一页：爸爸妈妈很相爱，他们决定这世上多一个我……

她看得聚精会神，我站她身后，陪她同看。快到尾声处，画面上出现一个头朝下的宝宝，她回头向我嬉笑：“他倒立，好搞笑呀。”最后一页是相亲相爱的三口之家。就这样，我们站在书店看完全书，她合上书页的刹那，我仿佛觉得有心事被合上，松了一口气。

话说好多年前，我可没看过这么温馨的读物，我的生殖教育靠《赤脚医生手册》完成，里面有男科、妇科、产科，还有计划生育科，巨细靡遗、图文并茂地讲解了多种“人工中止妊娠手术”，插图也是个小宝宝，是刚刚经历过“毁胎术”，被大卸八块的……幸好当时年纪小，居然没留下什么阴影。

我们登了机，没想到小年还念念不忘，她突然问我：“妈妈，我知道是怎么放进去的，那怎么拿出来的呢？”书上只说“妈妈在医生的帮助下”。

我答：“医生拿刀把妈妈肚子剖开，把宝宝取出来的。”

她瞪圆眼睛：“我就是这样的吗？”

我说：“对呀。”我还给她看过我身体上剖宫产的刀疤。

她“哦”了一声，向机窗外看了很久，又回头：“像小红帽那样？”

我：“……差不多吧。”

她眼睛睁得更大了，呼吸似乎也急促了：“像七只小山羊那样？”

羊妈妈不在家，七只小山羊误给老狼开了门，老狼吃掉了六个，第七只躲在大钟后死里逃生。羊妈妈回来后，带着第七只小羊，在猎人的帮助下，剖开了老狼的肚子，救了那六个小宝宝。

我硬着头皮说：“……有点儿像吧。”

当天晚上，就快睡觉的时候，她一头栽到床上，突然大叫一声：“我再也不要生宝宝了。”

功亏一篑！我就是说错了一句话。

到底怎么教才是对？我猜，大部分妈妈与我一样：恨不得有本书能让我们照本宣科，却又深知尽信书不如无书。

好在，不管我们得到的是什么样的答案：魔幻的、科学的、写实的、诗意的……到最后，我们都会知道真相。

而那些千奇百怪的答案背后，全是爸爸妈妈们的苦恼与困惑呀。

世界是不上锁的诗廊

五月凉晨，正是雨后初晴，我送小年上幼儿园，一边小心带她绕开东一块西一块的水洼，一边向她解说："春眠不觉晓。"

我读的早教书过多，恰好起到互相抵消的作用，我刚打算扮演虎妈，就想起性灵；我才累得人神共愤，想不如让她放个假，耳边就响起一句危言耸听："有快乐童年，没快乐成年。"所以，一切教育理论我都执行——全不彻底。我送她学英语，每天只温习 15 分钟；我带她练钢琴，知道有随时放弃的可能。她两三岁起，我没事就给她念一两首诗，随性而选，从"欲穷千里目"到"此时有子不如无"。不强求她背诵。有人劝我说："背诗乃是童子功，会受用终生。"我答以鲁迅："我以为要少——或者竟不看中国书，多看外国书。"多少她也认下了几首，四句里能颠颠倒倒记得两三句。

有一晚她不肯睡，吵着："妈妈念个诗。"我困了，敷衍个

《静夜思》。没想到她突然问："故乡是什么？"

我："啊？"直接惊醒。

她在空中指指点点，仿佛眼前有一幅看不见的诗卷正在展示："'低头思故乡'，妈妈，我知道思是想，故乡是什么？在想什么东西？"

几千年来的蒙师们，你们是否经历过这问题？如何应对？我立刻想起中国自古以来，都是单背诵不解释意思，只囫囵吞枣，不考虑能否消化吸收。我自己，翻垮了线装本《唐诗三百首》，还自作聪明地以为：在山泉水清，出山泉水浊，是因为山外污染严重。

"故乡就是……你以前住的地方。"不对，她在北京出生，一岁多就到了武汉。北京对于她，和俄罗斯一样，只是地图上的一点。她有时说："我们去北京玩吧。"有时说："我们去俄罗斯逛逛吧。"

我竭力想了想，成功就地取材："小满姐姐不是要去美国了吗？她去了之后，中国就是她的故乡。一个人离开以后，他以前的家，就是故乡。"

"我有故乡吗？"小年很感兴趣地问。这是儿童的攀比心理：姐姐有，我也要有。

"你……以后会有吧。"如果她上路。但只怕，当她回头，会发现故乡已经像《聊斋》里的大屋，转瞬乌有，记忆里一片荒芜。对我们这一代，不变的乡愁都是奢侈，何况下一代。

眼看搪塞不过去，我在脑海里迅速过了一遍《千家诗》：山水田园、赠友送别、思乡怀人、吊古伤今、咏物题画、侍宴应制……哪一首她能懂？“咱们换一首简单的吧。”窗外唰唰下起雨。

次日早起，只听见布谷一声长一声短，叫得好殷切。下楼来，雨水把柏油路洗得干干净净，路边都是细碎花瓣，是石楠才开满就凋零，碎米粒的白。雨已经停了，却还有绵长的水滴，从枝叶间徐徐坠下。我不由心中一动：“年年，妈妈给你讲《春晓》吧。”

“春眠不觉晓。现在就是春天，眠就是睡觉，晓是天亮。你是不是睡得很熟很熟，不想起床，不知道天亮了？这就是‘不觉晓’。处处闻啼鸟——听见没？布谷布谷，是布谷鸟在叫。闻，就是听；啼，就是叫。”

她认真听一听：“嗯，不是麻雀。妈妈，布谷也是鸟。”我大声赞美：“Bingo。”

“夜来风雨声——昨天晚上你有没有听见下雨呀？”

她点头：“开始听见了，后来我睡着了，就听不见了。”

“花落知多少，”我摊开手掌，“这里，还有这里，都是落下来的花瓣。很多很多，数不清楚，所以叫‘知多少’。”

刹那间，这首司空见惯的诗在我们身侧立了起来，我与小年手牵手，走在一字一词里，看到、听到、嗅到这首《春晓》。如果我说我被感动，那是因为，仿佛是第一次，我领悟平凡日子里的朴素诗意，诗篇是人生绵密的针脚。读不懂的地方，无非是丝线上打的结，悄悄隐在布衣衬里。

我打算，在姥姥为她打毛衣的当口，教她“慈母手中线，游子身上衣”；我也会提起刚刚过去的清明，连日大雨、小雨转中雨，她很配合天气地发烧病倒，我们合家上下，扶老携幼，冒雨带她去打针，正是“清明时节雨纷纷，路上行人欲断魂”。可不是，孩子一病，家长魂都断了。

而六一，我们一定会去东湖游玩，湖面上有野鸭甚至鸳鸯。我会向她一一细说，“鹅鹅鹅”，是孩子远远看到，欢呼雀跃。水鸟曲线优美，如芭蕾，叫声嘹亮，是“曲项向天歌”。走近了，看清“白毛浮绿水”，它游走了，施施然，“红掌拨清波”。从远而近，先静而动，原来这诗里隐了一部有长臂的摄影机，有个蹒跚学步的稚童，从千年前，带领我们一步步踏进画里，踏进诗里。

我想说给她的诗篇那么多，这世界，是不上锁的诗廊，24 小时不闭门的图书馆。当然了，总有教不了的诗，比如《长恨歌》，开篇一句“汉皇好色”，她一定会问我“好色是什么意思”。

在我的范围给你尽量多的选择

很累很累的时候，穿过地下通道，重新上到地面的几十级台阶，下意识想用手揪起裤管，把自己扯上去，像提着头发离开地球一样超现实——然后发现：我穿的是裙子。

暑假这么长，我为我女儿小年安排了两门课：游泳、围棋。一动一静，还加上些七零八碎的小课，正是相得益彰。我没想到，这意味着，我每周要接送她 31 次，两个月共 200 多次。

每天早晨一睁眼：6 点。不用上闹钟，我已经跨过睡不够的前 30 年，进入睡不着的后 30 年。

去书房开电脑，趁它慢吞吞地开机，去厨房按下电高压锅的开关，再绕到卫生间洗漱，又回到书房，边拍爽肤水，边刷新邮件。趁这片刻光阴，我匆匆写作，文字间大概也有心急火燎。

7：15，我开音箱，播放英语，叫小年起床。她睡得面条一样软，未开放的牵牛花一般，满身奶香。还是狠狠心，把她搁在地上，让她直接套上泳衣，我回厨房煎蛋烤吐司。

泳帽、泳镜、洗发水、浴巾打一个包，围棋课本、练习册、笔记本、牛奶、水瓶装另一个包。两个包同时上肩，我仿佛力大无穷，一妇能当百万军。

8 点半的游泳班，我们 8 点出发。难怪说青春是八九点钟的太阳，果然咄咄逼人。把她送进游泳池，我转身就走一小段路去买面包，她出来会饿。

9 点半，把她水淋淋地捞出来，洗澡、换衣服，用浴巾把头上裹严实一点儿再严实一点儿。马不停蹄，拦个的士送围棋班。外头烈日炎炎，我低声下气对司机说："师傅，不好意思，能麻烦关下空调吗？孩子头发是湿的。"

10 点送达，我搭公交车回家，往往还要顺道买菜。11 点半左右下车，第一个感觉：呀，忘了带伞。

日头高悬，远街近景都像打了高光，亮得刺眼。阳光如下火，如十万大军一齐向草船射过来的火箭，密密麻麻，遁无可遁。皮肤先是痛，再是灼伤，好久都红红的一片。带的瓶装水早喝完了，喉咙间全是血的咸。一到家，连灌两大瓶白水，及时雨的甘甜。

乏极，没胃口，正好不做饭。想静静喘口气，但，电话铃在响，QQ 上有人头在闪，快递总敲两次门。在千头万绪间，我还挣扎着做点儿事，只是偶尔有轻微的恍惚，像老化的日光灯会忽然一闪。

两点半，我出发去接小年。一出楼门，就像投入炽焰燃烧的大地。世界是一个巨大的饼铛，上下盘同时加热，看不见的小火舌扑啦啦舔我的小腿。再不翻面，我就要焦了，我嗅见自己的汗臭。

去围棋学校只有一班直达车，恰好没空调。归途，为了能坐空调车，我会带小年转车。中转站恰好是在长途汽车站，摩托车、电动车在人行道上倒行逆施、旁若无人，小巴司机挥动双臂拦客，热情得简直让人心生警惕。我紧紧握着她的手。

她有时候发脾气，甩脱我："妈妈，你抓痛我了，你抓得像坏人一样。"传说中的人贩子才这么下重手呢。

4 点半到家。如果是周四，还有一节数学课，就是 6 点半回家。周二、周五、周日有钢琴和英语课。

有时候，她在车上就扑我怀里睡着了。我抱她下车，走半程路，哄着她自己走半程。最后一气抱上五楼，我累得瘫在沙发上，一动也不能动。她已经小睡过，又生龙活虎，原地满血复活："我要去轮滑。"

我满心里不情愿，我肉体软弱，但，室外运动也是必不可少的……我叹口气，背上沉重的轮滑包，牵着她的手。她滑，我坐在马路牙子上看书。夕阳西下，余威犹在，热石头烫得屁股疼，我不时挪动，却始终不肯起身，好歹能让双脚休息一下。

每天如此吗？不，游泳班每周三休息，围棋班休周六、周日。谢天谢地。

疲劳的加深，像白蚁渐渐蛀空家具，或者绿藻一点点蚕食池塘。肩背剧痛，是两个包的重量，在卸下之后还留存着，第二天我换一边，单手上肩的时候，手腕蓦地一阵锐痛，是多年前的腕管炎跃跃欲试。

有一天，我抱她下车，一扭身的刹那，背上像有一条血肉的拉链被粗暴地扯开。我痛得顿时僵住，迸出泪来。小年一无所知，还在催我："要迟到了。"我极慢极慢地，把她放到地面上，后背像被斜斜劈成两半，勉强拼上，我艰困地带着她向前走，没有倒下。是拉伤还是扭伤？我只知道它疼了很久很久，每一转侧都痛彻肺腑。

双腿酸痛不已，仿佛伏地魔缓缓拉长身体，沿着我双腿向上攀缘。起初，它还昼出夜伏，后来越来越猖狂，平躺在床上，也能意识到那酸胀在向外放大扩张，双腿像打饱了的气球，绷得紧紧。我试图把腿架在墙上，以便回血——我的腰又受不了。

熬呀熬呀，到了 8 月中旬。我每天出门之前就算着：还有 13 节游泳课，11 节围棋课。快了，快了，我忍不住在地下通道就唱起歌来："夏天夏天就要过去，留下小秘密……"远处，通道尽头遥遥的光，正代表我的心情。

常有熟人问我："为什么要让她学这么多东西？"

我的解释随对象随心情随场合而变：不算多呀；她喜欢呀，她也不觉得累；宅在家里也不过是看电视，又害眼睛；上课能有小朋友玩呀，在家里太寂寞了……不不不，我当然，过去现在未来，都不是虎妈。

但如果小年长大问我，如果她坚持，我大概只能对她说一个故事：韩国棋士车敏洙，父亲在战争中失踪，他是遗腹子。母亲年轻守寡，韩国是长子继承制，家中财产按传统习惯是要传给长子的，幼子怎么办？“妈妈担心她走了之后我会很可怜，从小就请人教我很多本领。”他每天要学至少四门技艺：钢琴、小提琴、跆拳道、游泳、武术……“我学了 15 种才艺，大都接近专业水平。”

我懂车妈妈的想法：我给不了你金山银山，我只希望你一技傍身。我不知道到底哪一行你会出头，我只能在我的能力范围里，给你尽量多的选择。很抱歉，我爱你，我不能陪你一辈子，总有一天，你会明白，这世上，你能指靠的，只能是自己的双手。靠天靠地靠祖宗，不是好儿好女……车敏洙是美国职业扑克选手，人称“赌神”，同时又是韩国棋院职业围棋四段。车妈妈当年的辛苦，没有白费。

我猜，小年会懂，包括我始终忍着，不让掉下来的泪。

普通的父亲

他生于清末，是富庶人家的第五子。17 岁就结了婚，生了三个儿子。他大概是个很平庸的人，去日本留过学，也没成为一代栋梁。倒是喜欢上了围棋，投入了大量的热情和精力，但棋力不怎么样。

回国后，他在一个部门当小公务员。当时已是民国，时代动荡，公务员工资拖欠严重，他工作积极性想来也不高。更何况，一是朝中无人，二是不善吹牛拍马，出阁入相，也与他无缘。

平凡人，合该庸庸碌碌度完自己的一生。而他做了一件也许很平常，却让人觉得是惊天动地的事：他经常上两三小时的班就赶回家来，培养膝下的三个孩子。和工作相比，他更热心于此。

怎么个培养法呢？先是请了塾师，教他们四书五经，当时孩子们分别是 8 岁、6 岁和 4 岁，一起上课。为了便于监督，父亲也和他们一起听课，内容是《大学》《中庸》《论语》等中国政治的根本。最小的孩子，怎么也记不住。如果屡次背不出来，就会挨打手心，往往是哭的哭，斥的斥，弄到半夜 12 点才能结束。祖母经常为孙儿们说情，说“已经差不多了，可以了”——体罚，不是父亲的错，他小时候也是那样被教育出来的。

这样的课读生涯延续了四年，随着五四运动、西风东渐，新的思潮不断涌进，父亲渐渐悟出来，旧王朝覆灭，旧的知识结构也已过时。他意识到因材施教的重要性，也开始每天带着孩子们玩了。

从日本归国的时候，他带回大批棋谱，便教孩子们下棋。他欣喜地发现，老三明显比哥哥们有悟性。家力已经微薄，不时要出入典当铺。他还是从日本邮购了许多棋书，有幕府末期棋圣本因坊秀策的百局棋谱，也有“方圆社”发行的《方圆新报》合订本。孩子们看图摆棋型，他就在旁边，把日文的解说部分念出来。

因为老三进步神速，他甚至还带着老三去过公园里的小棋社，结交当时的围棋高手。也只是希望孩子能提高棋力吧？关于未来，只怕他还看不到。

那时，中国并没有职业棋手。围棋是孔子说的“雕虫小技”，只好过“饱食终日，无所用心”，风雅而无用，中国人的正事是“学成文武艺，货于帝王家”。他为什么让孩子学这无用之事？孩子没有来得及问他。因为他很快就吐血病倒，33 岁就去世了。

在他去世前三天，他把三兄弟叫到病床前，把练字用的字帖交给了大哥，把小说给了二哥，交给老三的是棋子。这就算是他给孩子们的遗嘱吧。之后，大哥做了官——中国人做官，文才武略都不重要，必须有一笔好字；二哥成为大学教授、文学家；而老三，他是吴清源，12 岁崭露头角，13 岁横扫中国，15 岁赴日后，在十番棋擂台击败了当时所有超一流高手，被称为“昭和棋圣”、古今第一人。

可以这么说，没有父亲，就没有吴清源。

中国家教史上，向来少有父亲的身影。择邻处的是孟母，刺字的是岳母，画荻教子的是欧阳修的母亲，给塾师双倍束脩的是胡适的母亲。虽然《三字经》也说：“养不教，父之过。”但我们还有一句“相夫教子”——教育孩子是女人的事。

只是，有些天赋，需要专业人士才能识别。西方的帕斯卡，12 岁独立证出欧几里得定理，同为数学家的父亲喜极而泣。而如果，他跑去告诉妈妈：“这条线和这条线是一样长哟。”妈妈只能微笑给他一个吻：“你好棒，你好乖，你去玩儿吧。”茫然不知自己错掉了一个天才。帕妈早逝，这一幕出于假设。但，当今时世，读过大学的母亲们，又有几个说得清欧氏几何？

要么母亲们励精图治，在做饭、上班之外，让自己文理兼修——这未免太为难女人了；要么，便应该是父亲时刻了。

自然，男人都想求助功名，醉卧美人膝，醒掌天下权，何等况味。但大部分人，注定平庸。平庸者该如何度过一生？是打打麻将、包包小三、旅游一下，还是像吴清源的父亲一样，甘心一事无成，把尽量多的时间和精力给孩子？这或许，是值得每个父亲考量的问题。

何必要到中年之后，发朱自清之忏悔：“我是个彻头彻尾自私的人，做丈夫已是勉强，做父亲更是不成。自然，子孙崇拜，儿童本位的哲理或伦理，我也有些知道；既做着父亲，闭了眼抹杀孩子们的权利，知道是不行的。可惜这只是理论，实际上我是仍旧按照古老的传统，在野蛮地对付着，和普通的父亲一样。”其实，吴清源的父亲，也就是个“普通的父亲”。他名叫吴毅。

我的母亲走出了山外

小时候，妈只知道两个村子：焦古营和柳树营。前者是自己家，后者是姥姥家。

她只见过、只认识一座山，叫作独山。如果抬头看到云霞叆叇在山腰间，就是“独山戴帽”，要下雨了。

一天一天长大，她的世界也随着她的身量慢吞吞扩大。初小在孙庄上，离了有两三里。高小是在乡里的汉冢小学——妈忙不迭告诉我，汉冢乡是刘秀大姑的坟茔所在地，故得此名；汉冢没有初中，她在邻近的金华乡读的。初中毕业，她得到一生中第一次大光彩：她考上了南阳一高（现名南阳一中）。

外公挑着行李，带她步行 50 里地，到了南阳城里，一打听，老人全知道：“书院嘛。”看她的眼神里有小小的讶异与赞叹。她年纪小，不知道南阳一高曾名“宛南书院”，历时二百余年，她只是三分腼腆七分沾沾自喜，觉得有面子。

那是她第一次知道，南阳地区有这么大，同学中还有来自新野、邓县、整平县……的，这些地方，她都没听说过。

“新野也不知道吗？所谓刘秀大姑，应该是指他的长姊刘元，就是新野节义长公主。”

她沉思半晌：“……初中历史书上没提过吧。”

三年光阴一瞬而过，高考填志愿的时候，老师专程叮嘱她一定要报清华，她自己挑了一所郑州的二类学校——干吗报二类？离家近呀。再随便拣了几个一类：华工（华中工学院）、成电（成都电讯学院）、武大（武汉大学）……最后，华工录了她。

外公拜托了一个沾亲带故的人，一辆敞篷运货车，把她捎到许昌，她在许昌坐火车，车的那头，是她平生不曾去过的最大城市：武汉。一切都是第一次，坐火车、出省、上大学……新天新地的焕然一新。

世界有多大？如果这条求学链的任何一环断掉，我想她的答案，一定与此刻不同。

今年 9 月，我妈的外孙女儿——我姐姐的女儿——我的外甥女儿：小满，去布莱尔高中读书了。

布莱尔在哪里？布莱尔镇；布莱尔镇在哪里？新泽西州。如果你连新泽西州也不知道，我会告诉你：就在纽约州旁边。你不会连美国也不知道吧。我可以透露一下：50 年前，我妈不知道。

她的中学地理老师，在课堂上展开世界地图，问学生们：“中国大还是美国大？”学生们答：“美国大。”老师郁闷坏了：

“明明是中国大嘛，怎么看出来美国大的。”学生们很实诚：“美国四四方方的，看着很实惠，中国四角八歪的。”老师给他们气笑了：难道中国是空心的？

小满为什么要去美国读中学？这是她自己、她的父母、两边家族共同决议的结论。这一路，大家都走得跌跌撞撞，一方面是不断的犹豫徘徊，另一方面又是箭在弦上，不得不发。

我对小满妈说，茅以升，不求闻达于诸侯，但对六个孩子的要求就是：出国留学。必须的。我也说，郎静山，一生淡泊名利，可为了孩子出国，求助一直求到梅兰芳。说得小满妈掉眼泪：古往今来，父母的心情是一样的。

我也给小满打气：“你看詹天佑，他 12 岁就去美国读大学。还有李四光，14 岁就负笈日本。填申请表的时候，一时笔误，把年纪“14”写在名字栏，这么珍贵的表格不能重填，只好以歪就歪，改了名字。你都 15 了，一定没事。”小满问我：“李四光是谁？”

为什么是布莱尔？这……布莱尔其实也想知道，学校发过来的学生问卷上郑重问道：是什么，让你及你的家长最终选择了布莱尔？亲，难道我会告诉你，我根本没选？SSAT 和托福成绩出来后，我们精心筛选了八所自觉能够得上的学校，分析它们的需求，寻找每个问题的话里有话，量身打造了八份申请表。递交的当天，还是心下不稳当，又多递了五家。而布莱尔，是这十三所学校里，唯一录取小满的那一所。就这样，你可以当作是误打误撞，也可以说，这，就是缘分，就是命定。

老实说，我们也一直很困惑：其他的学校哪里没看上小满，而布莱尔看上了小满哪里？她入学后，我们可能找到了答案：她是读九年级，布莱尔却给她安排了 11 级的数学课。我们才恍然想起，小满的 SSAT 成绩，两次数学都是满分。

总之，正如 50 年前她的外婆一样，小满单身上路，从武汉到上海，再飞抵新泽西纽瓦克机场。她到埠的时候正是凌晨，我不由想象她单薄的小小身影和几口大箱子，就好像看到了 50 年前，我的母亲。

她们都像箭一样，从她们原有的生活轨迹里射出去，射向很遥远的地方。每一个人能到达的地方，都会变成下一代开拔的地方。这是人间接力跑。

世界有多大？这是小满，将用后半生回答的问题。

一个圆有多大，取决于从圆心出发的半径有多长；世界有多辽阔，要从你上路的那一刻算起。

一代又一代，生命是一个圆与另一个圆的相接与交错。而想念、不舍与满怀的希望，就是圆与圆互相剪切出的鱼形面。它到底有多大？连欧几里得也未必能算得出来。

摘果子的小猴子

夏天的时候，我们送小年去学游泳。同游者有一个叫东米的小朋友。游了没几天，东米没来——冒雨在阳台下练憋气，结果发烧了。

小年很兴奋，因为："我一直学，他不学。我就游得比他好了。"惭愧，成年人也有一样的幸灾乐祸和私心，只是不敢表达得这么赤裸裸。

小年更说了一个小故事来表达："我们俩都是小猴子，爬树摘小果子。爬呀爬，东米弟弟从树上掉下来了。我还爬呀爬……我摘到了小果子。"

言犹未了，马上从树上掉下来的，就是小年自己了。

她过了五岁生日后开始学钢琴，起初爱得不行，立下宏图大愿，要当钢琴老师。我在蒙氏班遇到的一位妈妈哼然冷笑："我们家丫头起先也这样，半年后就不想学了，练琴就要靠催逼。"

果然，半年后，小汤二转大汤一，多加一本拜厄，指法变难，曲目枯燥，小年郑重宣布：“我讨厌钢琴。”

我说：“你不是想当钢琴老师吗？”

她嗔我：“我早就改了，现在我要当游泳教练。我，讨，厌，钢，琴。”说得一字一句。

饶是我看了那么多书，《虎妈战歌》《孩子学钢琴，爸妈先上课》，我心里还是有点儿慌，好言相劝：“钢琴多好玩呀，你学了可以教妈妈……”她摇头：“不好玩。”

最后我毛了：“练琴！不练就不能听故事。”

半小时的练习，她一会儿：“妈妈，我要喝水。”一会儿：“贴纸快用完了吧。”过不久，直接从琴凳上“咚”的一声摔下来，装腔作势哭几声……拖了一个多小时，晚间的其他事都不能做了。

去老师家练琴的时段，她磨磨蹭蹭，挑衣服，拣鞋子，不肯出发。下了楼，走几步：“妈妈，我腿疼。”我草草安抚。再走几步：“妈妈，我累。”我烦了：“快走。”索性哇的一声哭将起来。我强行拖抱，委实体力有限，不能把她一直揪到老师府上——也有一站多地呢。只好悻悻带她回家，灰溜溜打电话，向老师请假。

我试着和她做思想工作：“年年，钢琴多好玩呀，能弹出那么好听的曲子。”

她也点头：“是呀，我会弹《玛丽有只小绵羊》，那就够了呀。”

“可是后面还有呀。”

“后面的曲子不好听呀。”

我们俩“好听”“不好听”了半天。我也觉出自己的软弱无力——练习曲有什么好听？就好像，四则运算谈不上数学之美。

我请教钢琴老师：“是每个孩子都会出现厌学期吗？”

他说：“有些孩子会，也有些不会。”

“一般要多久呢？”

他许是看出我的焦虑，或者司空见惯，笑得很轻松：“不要紧的。只要家长坚持，就会过去的。如果在家里不肯练琴，可以来教室练琴，能好得多。”

我遂在盛夏时日，每天游泳毕，带她多坐一站地，去老师那里练琴。私心里又觉得她很辛苦，琴课毕，带她去看电影——啊，这是书上批评的“贿赂”行为，容易让孩子养成“为父母学习”的概念，陷入恶性循环。我明白，我真的明白，但是……我只是一个会心软的普通母亲。

我网购了 58 元钱的小贴纸，专门用来钢琴表扬：巨大的一包，立体的、荧光的、多维的……应有皆有。我妈说：“够一个班的小朋友用一学期了。”

我打电话给我家不多的几个亲友，请他们上门来当听众，给小年机会表演钢琴——她亲自挑了曲目《划船》，由于背谱总是不熟，急得哭闹了几回。我给小年买了美丽的金丝绒裙子：“像电视里的钢琴家一样哟。”叮嘱朋友们正襟危坐，表演专注，而在演奏终了热烈鼓掌。我还专门教小年学了芭蕾舞的谢礼动作，优雅地撩裙屈膝礼。

我买了二十本左右的古典音乐绘本，有《月光奏鸣曲》《胡桃夹子》，当然还有永远的莫扎特。月光老师的故事让她听得双目炯炯，听完音乐后，居然还深思般地对我说：“……是有一些哀伤哟。”哈，她懂什么哀伤？无非是书里说的。

……好久都没起色，我疑心是教材的缘故：有人说大汤进度太快、难度太高。于是跑去与老师商量：“不然我们转小汤三？”

老师答应得痛快。小年反而不干：“不要，小汤太简单了。大汤挺好的。”

我大奇道：“你不是说讨厌钢琴吗？”

她默然半晌：“……也还可以。”

我半惊半喜，难道她的“堕树”过程已经结束了？

……她还是会大叫：“我讨厌钢琴。”但也渐渐习惯成自然，每天回家后，自己爬上琴凳，摊开书页。唯一的要求：“妈妈，你坐在那边陪我。”每曲终了，都挑一张最心爱的贴纸。

同院的小朋友雨禾学得比我们还晚，许是天资聪颖，超了我们两首曲子。小年一听，斗志大起，当即振奋高呼：“我不能让雨禾哥哥追上我。”坐在琴前就开始信马由缰，姥姥说：“和雨禾进度一样也可以。”小年立刻身体一弹，坐得端端正正，手底下认认真真弹起来。

幼儿园开学了，教室里有一架风琴。或者电子琴？实话实说，幼儿园不让家长进教室，远远一瞥，看不出来。老师每天会问：“有没有小朋友想上来弹琴呀？”小年说：“我把手都举成这样了。”——个子小，所以跳着脚举。回家后，骄傲地跟我们说：“他们弹的都是小汤二，我弹的是《小星星》，还是难的那种。”——这是大汤一的曲目。

就是这样，也许是终于渐渐领悟了音乐之美，更可能是虚荣，那互相追逐的气氛——心理学上有个术语，叫“观众效应”——小年又歪歪斜斜地回到了小果子树上。

我没打算让她成为音乐家——所有艺术行业，都是为天才设计的。莫扎特是天生的，小音乐家杨科从来不曾得到过任何艺术的熏陶。

只是，作为写作者，最痛的时候，阅读和写作是我唯一的出口。文学及艺术都是看不见的手，能抚慰、能拥抱、能释放那一声声人群里绝口不提的绝望。而我希望，将来有一天，她痛苦的时候，不开心的时候，能在音乐里找到安慰。我在读《深河》时的泣不成声，她能多一个选择，可以是阅读，可以是音乐。

人说三代学会穿衣吃饭，何况音乐？但，如果我不放弃，她不放弃，我与她就分别是第零代、第一代，我有生之年，也许能看到我的曾外孙女儿上卡内基音乐厅。

顺便说一声，发烧的东米小朋友，一周之后又重返泳池，现在与小年游得一样好。所以，最好不要从小果子树上掉下来。但，掉下来也没关系，重新爬上去就好，我不在乎陪在树边，再弓腰驼背，保护你爬一次。

小猴子，不放弃。

把你觉得最好的书放在孩子眼前

我女儿小年二年级的那个暑假，我带她出门旅游，错过了散学典礼。回来后，才从她同学那里拿到暑假作业、安全通知书——还有一本《红楼梦》。

我大为诧异：“这是你们老师送你的吗？”心里浮起作为母亲的一点点本能虚荣：是老师看出她在文学上的才能，有意鼓励？

原来是期末有一个图书漂流瓶活动，每位同学都带一本课外书到学校，再从中自选一本回家。小年说：“这本书谁都不要，剩下来了。因为我没去，就把没人要的书给我了。”——林妹妹的隽语：“我就知道，别人不挑剩下的也不给我。”

是中规中矩的人文版本。拿过来翻一翻，竟有上任主人——小年同学的亲笔留言：《红楼梦》是四大名著之 shǒu（还不会写首字），是一本好书，虽然它很难读，但它有很多好词好句。希望你会喜欢。作为二年级的小学生，已经算得文从字顺了。

我问小年："你想看吗？"

她看着我的眼睛，认真摇头。那一段时间，她在看的是KINDLE版的《纳尼亚传奇》。

少不读红楼，八岁更是小了一点。我把书放到了我的书架上，和我的其他红楼版本放在一起，没有放在那个属于她的，全是少儿书的书架上。

半年后，她三年级的寒假作业里，有几道题目是这样的：《水浒传》里一共有多少位好汉？《三国演义》讲的是哪个时代的故事？《红楼梦》里三位主人公都叫什么名字？《西游记》里你更喜欢孙悟空还是猪八戒？回答并简述理由。

她一题都不会做，举着作业来问我。我一时踌躇起来。

也就是说，按照出作业人的想法：三年级，是应该读过这些书的阶段了。至少是利用电视剧、小人书等其他方式，多少知道内容了。这是否意味着，小年已经掉队了？

我举棋不定良久，最后给她口述了答案。

关于少儿阅读，我长期的观点是：不是父母"让"孩子看什么书，而是在某个年龄层，把你觉得好的书放在孩子眼前，他会拿起来看的。阅读是自然而然的事，是在文字的自助餐上随意取食，家长的责任是保护孩子远离火，提醒孩子油炸食物会上火，定下规则：冰激凌一次只能吃一球……而不是把自己爱吃的食物给孩子堆一盘子。

有没有可能，你推荐的书孩子不看？

我在小年面前放过《随风而来的玛丽·波平斯阿姨》《屋顶上的卡尔松》，这是我童年的最爱，但她与我并非灵魂相通；我也放过《民国老课本》《给孩子们的诗》，她显然悟性不够，不是天生文艺范儿。她连《窗边的小豆豆》“彼得兔系列”这种众口一词的好书都兴趣缺失——这可能是我的遗传，因为我也不太喜欢这几本。

但是这一次，我想我得承认：我可能是有意，没打算让她看四大名著。

初遇《红楼梦》的情景，我在一篇文章里写到过：“搬一把靠背椅，再摞一张方凳，又加一张小板凳，战战兢兢地踮着脚尖，够着了，够着了。我终于在大衣柜顶端摸到父亲藏起来的《红楼梦》，一身汗，两手灰……那年我 10 岁。

“那本《红楼梦》，线装，竖排，繁体，是四卷本中的第三卷，头与尾都残了几页，故而第一面上就是：‘柳家的果遣人送了一个盒子来。春燕接着揭开看时，里面是一碗虾丸鸡皮汤，又是一碗酒酿清蒸鸭子，一碟腌的胭脂鹅脯，又是一碟四个奶油松瓤卷酥，并一大碗热腾腾碧莹莹绿畦香稻粳米饭……’”

我一生的阅读爱好自此奠定。它是我童蒙未开时的初恋，也会是我地老天荒后的老伴。希望能是它，陪我到最后。外面再纷纷扰扰，天要塌下来，我总能翻开一页红楼，顿时逃入那蝉鸣聒耳、蔷薇处处的大观园。它是我的桃源，也是我的藏宝库，永远不会迷路，也永远不会缺了惊喜。

但某种意义上，《红楼梦》也确实起到了催我早熟的作用。那么早接触到情爱、使小性儿、恩怨爱嗔、相爱相杀，我毫无疑问地把自己认定是林黛玉，冷眼看同学和老师：你们都不喜欢我吗？唉，一年三百六十多日，风刀霜剑严相逼。

每个青春都会有伤春悲秋，有自以为的看破红尘，但在《红楼梦》里，这份情感被放大了，所有过家家都过得煞有介事。还不能分辨真实与虚构的我，也开动脑筋给自己起过风雅别名，类似“青年园主人”（青年园是附近一座小公园的名字），我也想过要起诗社，只是出于羞怯，没好意思邀人……这些仿精致其实粗陋的淘气，令我脱离我的同学们，他们爱玩的东西我插不进去，我满心的胡思乱想，没人想听。爱读《红楼梦》的小女生，怎么可能不寂寞？在最应该开始社会化的年纪，最应该去的广阔天地，没有我，我躲进了纸页间，躲进了《葬花吟》的纤小格局里。

我不知道小年将来要走哪条路，但我不想她走这一条：心的早熟，往往意味着脑的晚熟；感情的未老先衰，挡不住身体的蓬勃生长。

《水浒传》又如何？我最欣赏里面关于动作、关于场面的描写，劈、斩、拧、抹、转……一个字令整句话活起来，几句话令一个人立起来。但里面的每个人，都是绿林好汉，都滥杀无辜，都对除了自家兄弟之外的人，冷血无情。

第五十一回有最恐怖的描写：美髯公朱仝被发配沧州，“见屏风背后转出一个小衙内来，年方四岁，生得端严美貌，乃是知府亲子，知府爱惜，如金似玉。那小衙内见了朱仝，径走过来便要他抱。朱仝只得抱起小衙内在怀里。那小衙内双手扯住朱仝长髯，说道：‘我只要这胡子抱！’”

当时的人，大概分别心不像我们现在这么盛，对重刑犯也没多少防范。他既与孩子有缘，知府便欣然道：“早晚孩儿要你耍时，你可自行去抱他耍去。”——怀中珠玉，岂可拱手送人？父母太幼稚轻信。

你以为是《这个杀手不太冷》吗？杀手与小女孩儿暧昧初生的情意；你以为是《小王子》吗？小女孩儿遇到老爷爷，开启了童话之旅。但不，噩梦之夜在七月十五中元节，“那小衙内穿一领纱衫儿，头上角儿拴两条珠子头须，从里面走出来。朱仝托在肩头上，转出府衙门前来，望地藏寺里去看点放河灯。”

水浒好汉，千方百计要诱他上梁山，他百般不从。一言不合，便起杀心。“只见小衙内倒在地上。朱仝便把手去扶时，只见头劈成两半个，已死在那里。”是李逵杀了他，轻描淡写，如拍死一只蟑螂。

到此时，朱仝也认了：“是则是你们弟兄好情意，只是忒毒些个！”只是小衙内最后一句话是对他说的：“你快来，我要桥上看河灯。”他忘了吗？

我能给小年看这个吗？我如何向她解释：杀戮可以极其轻易，在那古老时代，孩子的生命廉价如芥子，可卖，可杀，可阉割，可以做很多我们这个时代连对动物都不会做的事。我知道《格林童话》里也有很多残忍的故事，但那些都是巫婆，而《水浒传》里，他们却是英雄好汉。这是不是某种是非不分？

龙应台在《孩子你慢慢来》里也说到了类似的困境，她给孩子读书，说到鲁智深在佛堂里的打砸抢，她想：呀，这不是和“文革”小将破四旧一样吗？讲到宋江和婆惜的那个晚上，她有点结结巴巴的紧张。到最后，她突然“叭”的一声盖上书，神情坚决，站了起来：“《水浒传》我们不读了，换书！”不能不换呀。

于是，关于四大名著，我的想法是：少不读红楼，不想孩子太早沉湎于情爱；少不读三国，不想孩子整天学着钩心斗角；少不读水浒，不想孩子迷恋打家劫舍的暴力美学——只剩西游最人畜无害，等小年读完《哈利·波特》，我可能会向她推荐一下。但是，中国玄幻小说优质的少，西游是翘楚，放在全世界的范围来看，好书多得很，有许多，还是为孩子们量身定做的。

我有许多朋友，大部分是男的，从没读过《红楼梦》，连电视剧都没怎么看过。但当我自嘲“我黛玉心又发作了”，不妨碍他们听得懂并且嬉笑；我也有很多朋友，从来没读过《三国演义》，可是三国知识烂熟，甚至知道很多小人物：那是来自各种网络游戏；新拍《西游记》的时候，网上骂声如潮——我一看就知道，这些网民没读过《西游记》，他们的西游知识可能来自戏曲、电视或者孙敬修爷爷讲的《猪八戒吃西瓜》；读过《水浒传》

的人少，但没关系，它是电影、电视以及其他曲艺的永恒素材。

这几本书的再演绎如此之多，大量文学作品以它们为基础。所以，如果单纯从了解中国传统文化的角度来说，不看这几本书，是没有任何妨碍的。

这些书都是很好很好的，滋养过一代又一代的中国人。但它们就像贾府里老太太吃的“牛乳蒸羊羔”：“这是我们上了年纪人的菜，没见天日的东西，可惜你们小孩子吃不得。”

小孩子总会长大，当年不能吃的东西都会一一入口，当年不能读的书也会自己找到看。到那时，别人家的孩子我管不着，我自己的孩子，要读哪一本，由她自决吧。

知识的自行车

我仍然喜欢买书，但渐渐失去逛书店的习惯。网络书店什么书都有，可以静静看，慢慢挑选。每次都用搜索，很少从首页进，因此，正在流行什么，我真的不知道。

偶尔陪家人逛新华书店，万头攒动，都是少儿读物柜台。我翻一翻，不是青春小说，就是教辅书刊，再就是多少有哗众取宠之嫌的教子书：快乐学习，幸福成长，好成绩不如高智商，高智商比不上优等情商，情商不够要财商……大抵如此。

我见过一位父亲，一心要把孩子培养成牛人，于是早早给他买《曾国藩》《胡雪岩》；另一位母亲，则忧心忡忡，认定《傲慢与偏见》《红楼梦》都只会把她的花季女儿教坏，索性根本不让女儿看“闲书”，“有那时间，背背单词不好吗？”

而我，从女儿小年三岁起，开始陪她看书——那时她刚学会骄傲地竖起三根小指头表达“我三岁”。因为是女孩子，我特别想培养她的理性思维，剑桥大百科全书买了大半套——我自己都看不下去。一套法国产的儿童科普读物，成为她的枕边书，她聚精会神听着的，往往是：恐龙、长尾龟和熊。后果是，有一天，山雨欲来，乌云压城，她小人家站在楼梯上，看着此情此景，金口一开："就像火山一样。"没错，有一本叫《可怕的灾害》的书，她很喜欢翻看。她的另一桩神迹是，在菜场，指着人家卖的牛蛙大声说："两栖动物。"被满菜场的爷爷奶奶们惊为天人——我是否太自恋？但一个母亲的自恋，是可以被原谅的。

我家地方紧窄，容不出一间独立书房，所以每个卧室，包括阳台，都有书架。几屋子书，我任她随意翻看，反正绝无珍贵典籍，怎么看我也不会心疼。显然，我会把一些书藏在小书柜里并且上锁——锁得住青春期的好奇吗？

我自以为够宽容，但……当我看到她抱着一本本《天降小子》《机器小书童》之类的国产动画书爱不释手，还是不舒服了：这么多珠玉在侧，你为什么就迷恋塑料花？

到底给孩子看什么书？我像所有家长一样迷茫。给她买过成套的绘本书，她扫了一遍，就置之不理："这都是小毛毛看的。"假期的短暂无聊里，实在找不到童书，她居然从我书架上找了一本《吸血鬼女王》。我分析来分析去，估计她以为名叫"女王"的书和"什么公主"一样，都是童话故事。

现在她六岁，枕边书是卡尔维诺的《意大利童话》。她不太爱看《小牛顿科学馆》，喜欢《米勒的花园》，迷上了花木的名字，我为她备了花盆和沙土，却忘了小朋友爱玩沙的天性。

她大概不会成为科学家，我却决定继续给她或买或借“科学小实验”“趣味数学”——一切都是本性，父母想力挽狂澜，恐怕不现实。但搭桥铺路，总归是可以的。她尽情发挥自我，而我负责小小修正。

这世上确实有人文理兼修，感性与理性并重。知识的自行车，骑得越平衡，越不会摔倒。而现在，我们已经在路上了。

我支持你的每个选择

这一定是大部分做母亲的人的噩梦，只是有些母亲曾经为此提心吊胆，另一些因事先一无所知，更觉得是晴天霹雳——17 岁的高中生，向同性告白遭拒，之后因为性取向泄露遭到了同学的霸凌和老师的漠视。目睹全情的母亲，心都碎了，她毫不犹豫地站在孩子一边，接受孩子的一切。她向微博上的大 V 求助，问："您能把您的同志朋友介绍给我儿子吗？我不想他去混圈。"

你真确定你儿子是同性恋吗？他只有 17 岁。隔着网络，我很难向这位母亲提问。

有人问过我，不见得怀好意："如果你的小孩向你出柜，你怎么办？"

我确实是认真思考过了才回答："如果当时孩子是 30 岁，我相信孩子已经遇到过一些人，做过一些事，疑惑过，她的心、脑与感官又以不同方式给出答案。性向之探索，不必耗费一生，三十而立，孩子可以自决。我接受成年人的自愿选择，像接受生命中一切的无可奈何。

“但如果孩子只有 18 岁，我可能会笑着对她说：‘别急。人生还长，风景很多，现在让你倾慕不已的人，过几天再看狗屎不如。青春期是实验室，是观察、发现、犯错的园地，不是流水线，程序一旦设定好，机器开动就不能轻易停下。你现在在中国，也许明年就去美国读大学；你此刻最爱文学，也许明年就发现建筑之美；何必早早把自己锁在名词里，像旧社会的望门寡？大可以等阅尽春风，再寻找那朵独一无二的玫瑰。’”

我已婚多年的女友，至今见到英姿飒爽的小女生还会口吃、脸红、期期艾艾，这当然是悲剧。也有一位小女友，早在大学时就向所有人出柜，为了能与女友去同性能够结婚的国度，甚至影响了父母的前途。她却羞于承认自己一晚又一晚的绮梦，终于有一天她落实了绮梦，只能向女友俯首：“我想我其实是直的，对不起……”这仍然是悲剧。

所以，连孩子自己都还摇摆不定，一会儿觉得这边繁花似锦，一会儿又眼馋那边曲径通幽，父母要如何“站在孩子一边”？是跟着变来变去，还是出于爱与莽撞，把孩子固定在某一边，变成好心干坏事的推手？

诚然，孩子的遭遇让每个人都心疼。但是，在我们周围，甚至我们自己，向异性告白而被取笑无视的故事，要多少有多少，难道都拜托父母主持公道？爱欲之事，又有多少公道可言？

为什么不能对孩子说：我爱你，我支持你的每个选择与弯路。但这一生中，多的是挫折，你得自己克服；欺负你的人，不会止于校园。能承受，就忍，忍到上大学，忍到相忘于江湖；不能承受，就打回去。做父母的，护得你一时，护不了你一世，你终将学会自保、学会自卫，忍无可忍时，还要学会决一死战。

孩子在纸上随手乱涂，妈妈就看到了毕加索的诞生，立刻给买最贵的纸与笔，带他去绘画教室。孩子没画出来，妈妈失望到极点，孩子的挫折感也很强：是我半途而废，我辜负了妈妈。

孩子偶然说句五字隽语，妈妈喜不自胜：会作诗了。珍而重之裱在家里，纵容孩子的数理化一塌糊涂，接受孩子一切的孤僻不合群：搞文的嘛。到最后，孩子没搞成文，也没搞成理。

多年前，我为了现在完全不记得的事急得上蹿下跳，有人教我四个字：戒急用忍。这四个字，当父母的，只怕都得学会。

不急，不管孩子遇到了什么人，发生了什么事，是口算考 0 分还是奥数得了冠军，是打架破了头还是日记里写满乱七八糟的呓语，妈妈们都得沉下气，让事情慢慢水落石出。

忍着怒气和狂喜，忍着冲上去的冲动，鼓励孩子自己面对、自己处理，给孩子后悔的机会、思考的可能性。母亲越多插手，孩子越没法独立。好母亲，应该是孩子背后的支撑，而不是孩子头顶上的保护伞。

有些事，忍一忍再说。

九个月的时间够做什么

女友家一切都乱套了，我紧急受命去灭火。

女友突然辞职赴美时，朋友圈里就已经有风言风语。半年后，她抱着新生的儿子回国，谁也不意外——除了她 12 岁的女儿大宝。据说还在机场，大宝就向妈妈尖叫："你这么大年纪还生孩子，简直是丢人现眼。"其实她妈比我还小好多岁。

都知道这对第一胎来说是个难事，也都以为难关总会跨过去。大宝对所有上门道贺的叔叔阿姨怒目以视；偶尔赶上保姆忙不过来，她听见弟弟哇哇大哭，索性故意把电脑里的音乐调得声音更大；大宝妈一让她做作业，大宝便顶回去："你管你儿子去呗，你还在乎我死活？"大宝妈想吼她，看着女儿眼圈已经唰的一下红了，慌了手脚。

我责备女友："你们瞒谁都行，怎么瞒大宝？"女友苦笑："幸好没说。否则也许大宝也会学新闻里 13 岁的小姑娘，以死相拼，逼我放弃第二胎。”

大宝不理她妈，也不理我，脸只对着电视机。我只好陪她看宫斗剧一堆女人的金枝欲孽，大宝终于哀怨地说：“你看，到底还是为了生儿子。再爱女儿，再当作掌上明珠都是假的。”

我的心，震了一下。

她絮絮说的，都是零落的不开心：家里从小娇惯她，她连袜子都没洗过。妈妈总说：“结了婚自然就会。”可是现在她偶尔想表现一下，冲个奶粉，泼了半桌子，妈妈的口气变成：“女孩子，还是做家务好一些。”这还是亲妈吗？有了弟弟，亲妈就被后妈上身了？

她正处在青春前期的婴儿肥，虽然也嫌自己胖，但小女孩儿，哪里管得住自己的嘴？可是就在昨天，看她吃过饭，喝过牛奶，吃过水果后，还抱着零食不放，爸说：“女孩子还是要重视自己的形象的。”果然，她被嫌弃了。大宝伤心得零食都吃不下去。她没法形容自己的感受，悲悲切切道：“原来，真的只有你爱的人才能伤你这么深。”我想笑，又想抱抱她。

我对大宝说：“我不认为他们是为了生儿子，现代人不至于有这痴狂。但是，我也不相信他们生弟弟是为了和你做伴……”她打断我：“对，我也不信。”我继续说道：“成年人做这样的事，一定有自己的计算，这计算包含了家中的其他人，但无论是希望摊薄风险（至少不成为失独父母），挽住自己未完全逝去的青春（赶在更年期之前），抑或是多头投资（谁不希望成为宋氏三姐妹的父母），主要还是为了自己。

“这私心杂念，让生第二胎的父母会觉得愧对第一胎。但另一个角度，他们也是出于同样自私，才把你带到这世上来的，你享受了这自私的福利。而且，就是靠着全社会齐心协力的自私自利，人类物种才没有灭绝。

“作为人来说，最痛苦莫过于，最爱的人，并没有想象中那么爱自己。父母有了第二胎，你瞬间发现：你不是他们的独一无二，你的位置随时可能被取代，你不是全宇宙的中心，不是全世界的唯一，你把贪心越收越小，但甚至，你也不是家中最重要的一员。这巨大的震撼、挫败，一时间的手足无措，连成年人都很难抵御。

“可是站在弟弟角度想想，他从来不是家里唯一的孩子，从不曾完整占据过父母。你父母最珍贵的十二载年华，与你共度，你第一次彻夜哭闹让他们心急如焚，你第一次牙牙学语，使他们激动得奔走相告。弟弟捡你用剩的学习用品，历经你蹚过的人生路，他得到的爱，始终不曾空前绝后。你看，只因来早了一步，你多获得这么多。想到这里，你会对弟弟有一点点歉疚吗？

“其实也没有必要，因为世界就是如此。地球资源有限，人人都只能占据非常有限的一部分。某方面你多出来，另一方面你必定要少一些。目前你的选择是，和弟弟争夺父母的爱，你可以努力表现得更好，帮母亲照顾弟弟，听父亲的话，但这争夺的效果如何，看那些宫斗剧就知道了，人算往往不如天算。另一种选择就是：学会分享与分担。做个愉快的姐姐，和弟弟共同享受快乐日子，共同承受沉重。你会发现，也许父母的爱你少了三分，但手足之情，会得到十分。

“你父母最笨的一环就是：他们想得太多，怕小朋友接受不来，不知道话如何出口，最后，索性决定‘车到山前必有路’了。然后，车山相撞，电光石火，幸而没有车毁人亡。好在，你是大孩子了，有些话，你可以告诉自己：长大后，你不会是这么笨的父母，做出类似决策时，会和孩子先商量。”

九个月可以做些什么？

孕育一个宝宝，孕育大宝宝心中对小宝宝充盈的爱。

你是女生，不能掉队

我去接女儿小年，她在上羽毛球课，教练最后安排的热身项目是跳绳一千下。他有事先走，学员们立刻军心涣散，几个顽皮的男生跑到很远的地方佯装跳，一会儿就过来大喊："跳完了。"

一看小伙伴们都走了，小年也慌了："我也要下课。"

我揪着她："你才跳了七百下。"

她在我手里乱挣："他们男生都走了，我是女生，为什么还要跳？"

我脱口而出："你是女生，不能掉队。"

抗日战争，战火是中原大地上滚动的痛，日军步步进犯，大中学校纷纷内迁，都是十几岁的少男少女，全靠一步一个脚印，走至陕甘宁重庆云南等地。这一路，千山万水。

第一天上路，队伍走得飞快。人人都怕日军扫荡，知道行程必须尽量缩短。总有人身体差脚力弱，第二天起，就开始渐渐跟不上了，互相鼓励着，越走越慢，实在走不动了，坐下来歇歇。

女生更弱些，还有一些是缠过又放过的半大脚，不良于行，互相扶着搀着，咬咬牙，一步步向前挨，就是不能停步。散兵游勇也多，何必辛苦如是，缓口气再走吧？女生们只摇头，丢下一句：“我是女生，不能掉队。”

就在不久前，河南打仗，河南大学的女生被日军冲散，有几个女生落入土豪劣绅手中，起初当然也反抗，后来……不说也知道了。

男生掉队，可能迷路，但好在是半大小子，迷路了能找回来，心一横，索性“爷去投八路”也是出路。可能遇到狼，走投无路时只能殊死搏斗。而对女生来说，国军，日本人，都可能比狼群更可怕，人形的虎豹豺狼。无数亮晶晶的眼神在窥探她们，她们可能被猎取、被出售、被侵犯，会发生的事，大部分比死更可怕。

所以必须紧紧地走在队列里，身边都是老师、学生，再手无寸铁，总能搭把手。最好拼尽全力，让自己走在前列，追兵若自后杀上来，总多一点儿逃跑的时间。而且，不知道这条路有多漫长，万一生病，万一生理期，说不定就会一步一步掉队。只有走在最前面，才能保证到结束时还没完全掉出队外。

女生的多一份坚持，来自她们的多一份柔弱。

和平盛世了，是否就没那么残酷？这从来不是公平的世界，到目前为止，女性始终是地球上人数最多的残疾人。

你体力差，大货司机、船员、矿工……这些行业你都无缘。全面电子化的大工业生产尚未来到，许多事，你有心也无力。

你会结婚生子，怀抱幼儿的你注定步履蹒跚。你胸怀大志，但婴儿的哭啼会把你的时间切割得一缕一分，再难拼成大业。

而歧视无处不在。你和男生一样读书，一样通过高考的独木桥，但有些专业，女生的录取线高出几十分，甚至 100 分。为什么？官方有解释，但解释解决不了一个事实：如果你和男生考了同样的分数，那么，他会录取，你会落榜。

你知道，那些读了好学校，拿了好多证书，德智体美劳全优的好女子，屡屡被拒。用人单位会想：没几年你就得休产假，还休两次。成本高昂，你能为单位创造出相应的产值吗？

桩桩件件都在告诉你：光随大流是不够的，这社会不要求你出类拔萃，只是你先天比男生矮一头，想杀出一条血路，得比他们高出一头去。要么穿高跟鞋，要么用能力当垫脚砖。

会有闲人说：“女孩子嘛，嫁个好男人就行。”仿佛掉队了就去收容站。

你当好男人傻呀？

好男人也是社会上的稀缺资源，会自然地成为许多女孩心仪的对象。不见得你跑第一名，就能与他看个对眼，擦肩而过也是一种缘分。但你若跑最后一位，不用问，你被淹没在人堆里，他踮起脚也看不到你。

人生行路是很累的，有时候真的很想“陌上花开，宜缓缓归”。会有的，当你能够安身立命，当你到达某一个平台。而现在，还年轻的你呀，眼前多的是名山大川要一一经历，“你是女生，不能掉队”。

遗忘之书

期末考试前的倒数第二周，开了家长会。老师反复强调“三年级是小学阶段的分水岭”，挂出幻灯片：一个人三年级时的年级排名，与他大二时的年级排名，几乎一样。家长们莫不触目惊心，回家后，鸡飞狗跳地带孩子复习。

我也不例外。语文、英语都抄过、背过、默写过，数学做过几套卷子，转眼就到了周日的晚上，按惯例，小年自己整理好书包后，早早上了床。

她都睡着了，老师在 QQ 群里提醒：千万不要忘带作业本。我心里没谱，便到书房检视她乱得一塌糊涂的桌面，一本本收捡堆积如山的生词本、草稿本、奥数书……语文书？

不至于课本都忘了装吧，还压在大叠纸张下面。家里有小满姐姐十年前的旧课本，她经常好奇翻看，会不会是那些呢？我打开仔细一看：有她上课做的笔记，也有我为她报听写时做的记号。课本竟然忘带！我噌的一下，心头火起。

还有配套的练习册，也没装。其他课本倒是装在文件夹里，但整个文件夹被完整地扔在床上，离书包十万八千里。这样，她明天去学校干什么，坐着发呆吗？对着黑板打坐吗？书包里，跟学习毫无关系的闲杂废物倒有一堆。

我气不打一处来，只想立刻给她个教训，三步并作两步进卧室，不顾她睡得正香，直接把她摇醒："起来起来，你看你装的什么书包！"她睡眼惺忪，睁不开，我强行把她抱起，脚不沾地，拖到书房来："自己看。"她揉着眼睛开始还想辩解，看到散乱的课本，不作声了。我暴跳如雷："马上就要考试了，你心里在想什么？你为什么不上心到这种地步？"她不吭气，仍未完全清醒，人软软地站不住，老想往地上坠。

看她这样，我一时不忍，只能抱她上床，放她去睡觉，发狠话："明天再查漏补缺，再有缺的，我打你。"

第二天闹钟一响，我立刻催她："刷牙，洗脸整理书包。"这一回，她自己发现漏了三份试卷。

我肺都要气炸了，重复那几句话："马上就要考试了，你的心在哪里？你在想什么？"她眼睛怯怯地看着我，一副明知道自己做错的样子，突然，"哇"的一声大哭起来。我任她哭，哭哭也好，只希望这眼泪真是有所触动。

吃完早饭出门，正是暴雨初晴，凉爽的六月天气，我又教训她几句。上了地铁后，她有点儿委屈地说："我没有不上心。我很好地在复习，我做卷子一题都没错。语文错了的字词我都写了十遍。”是呀，当时我还表扬了她，那为什么会忘带课本作业？她答不上来，眼看又要哭了。

我突然间，想起另外一件事：

上个月我去美国大使馆办签证，排队取指纹的时候，离我三四位处有位男士，可能是有手汗，一直按不成功。他急得把手在裤子上连揩直揩，又抓痒一样用力抓，想抓干净指缝间的汗。

里面的工作人员递出一张纸巾来，他把手中的资料袋往地上一放，接过来正正反反擦了好些遍。这一次，按上去了。

看工作人员比出 OK 的手势，他兴致勃勃就往外走——队伍里的其他人都情不自禁喊他：“包，你的包。”他像没听见，听见也没想到跟自己有关，还往外走。

倒是武警听见了：“这位先生，您的包。”

他如梦初醒，赶紧回头抱起资料袋，连连“谢谢谢谢”，也不知道向谁。

如果他随身带的资料与我的差不多，那可全都是贵重文件：护照、户口本、毕业证、房产证……有些遗忘不能完全归咎于“不上心”吧？

我不知道小年为何在关键时刻掉链子。也许大人看到的是即将来临的期末考试，小朋友看到的却是与考试一墙之隔的暑假。我在暗暗计算她可能被扣的每一分，她却在设想假期里不容错过的每一秒。成年人有战场疲劳症，未成年人只会有过之而无不及，她搞不好早复习得不耐烦了，想把这事赶紧了了最好。

这是浮躁！我批评得对。但孩子毕竟是孩子，会犯孩子常犯的错。事实上，年长她三十多岁的我，也未必能保证永不粗枝大叶呀。

地铁到站了，为了省钱，我向来不出闸，就在这一边抱她一下：“这一周好好复习。以后整理书包一定要认真再认真哟，最好事先列个清单，一一对应。”

她点头：“我整理完了你再检查一遍。下次肯定不会忘的。”

我松手，目送她自己刷卡出闸。

我知道她说的是心里话。我也知道下一次还会有遗忘。从真话到真实需要时间，说出离做到还有距离，有时，得留出遗忘的余地，还有疏忽、差错与恍惚。得叮咛，得帮助她培养好习惯，得帮她把好最后一关。但下一次，不要再把她骂哭了。如果孩子生来就完美，那还要妈妈有什么用呢？

每一个从来不丢钥匙与钱的人，都是因为丢过钥匙与钱——比如我自己。

你希望你的孩子怯懦畏缩吗

我小时候几乎没挨过打，偶尔一两巴掌一两脚是有的。到我稍微长大一些，我才知道这在那个年代，并不是很普遍。为此，我一直很自豪，总很响亮地告诉人家："我家，很民主。"

但我还是见过几次家长打小孩，而且印象深刻。

第一家，是我隔壁邻居。一姐一弟，姐姐比我大，弟弟单名一个"目"字，我爸告诉我，这名字，意味着弟弟像眼睛那么珍贵。后来才听说，姐姐是收养的。

当时我父母在高校任职，宿舍楼里老师偏多，但隔壁不是，男的似乎是校办工厂的工人，女的粗身大嗓，一看也是出苦力的人。

每天中午放学路上，必然遇见他们出门接儿子。目淘气，是孩子王，天天带着小兄弟们在外面玩，不着家，最后一般都是被父母揪着耳朵一路打骂回来，然后，打。

目号得跟杀猪一样，全楼邻居都有义务去解劝。但次数实在太多，众人都已习惯，在愉快的打骂与号哭声中吃中饭，等快睡午觉的时候，他们也打完了。

这几乎是每天的例行公事了，但目学习成绩还是很差。他们又发明了很多奇特的“刑罚”。我从楼道经过时，曾看见，目站在一个小板凳上，手里握着日光灯的灯绳，一边挨打，一边报数。但是灯不能亮，灯一亮就重新计数。那天，目的惨叫声似乎格外尖厉。这么多年，依稀还有回响。

像眼睛那么珍贵的孩子，怎么会天天打？这不应该是后爸后妈干的事吗？

当年还小的我，不懂。

另一家，也是我邻居，住我正楼下，与我家吵过很多次架。

当时我们姐妹年纪小，在屋子里一玩疯了，动静就很大，楼下必定上来敲门。最惊人的一次，楼下阿姨在我家门口泼了一盆水，堵在那里破口大骂了半小时。当时我正好从外面想回家，看到这场面，吓得不敢进，也不敢退，紧紧贴在墙的阴影里，含着两汪泪也不敢哭，生怕她看到、听到我。

爸妈告诉我们：“楼下大哥哥在准备高考，你们轻点儿。”

到暑假了，憋了这么久终于可以疯了——怎么楼下阿姨又来敲门，不是高考完了吗？

那是我第一次听说“复读”这个词。楼下复读得没完没了，今年，明年，后年……难道他一辈子考不上，我们得一辈子提脚走路吗？两家不吵架是不可能的。

那时电表还没有分装到户，一般都是一幢楼总收，再按照面积分算到各家，各家轮流到每家去收。收电费是个麻烦事，总有人要说：“我家很少开灯，不应该缴这么多钱。”所以爸妈多半让我们去跑腿。

我很怕楼下阿姨，鼓足勇气才近前，一看灯是黑的，放下一大半心。准备虚应故事敲个门，就可以回去交差：“他们不在家。”凑近了，却听见屋里 = 响作一团。

武汉是著名的火炉城市，在那个没有空调的时代，大部分家庭夏天都是敞着门窗的，只留一道纱门纱窗挡蚊子。隔着纱门，我看见几个活动的身影，无声地扭在一起，好像有人在逃，有人在抓，有人在堵。我看傻了。

逃的人被抓住了，一堆乱扯，我看到露出白色的身体。然后，砰，砰……我突然醒悟了：有人在挨打，应该是大哥哥。挨打的，打人的，都一声不吭。

我简直是屁滚尿流地逃走了。

现在想来，复读若干年，大哥哥当时只怕有二十多岁了。

忘了楼下具体的职业，总之，他们也不是大学老师。

大学是非常势利的地方，有工厂、电影院、食堂、园林、学生宿舍……需要大量工作人员。但说到大学的时候，都是说院士、教授、博士……谁会提他们呢？他们是大学里的隐身人。

我一直很怕楼下阿姨，觉得她有一张凶神恶煞的脸。所以，另外两件小事，也记得很牢。一是我烫伤了手，她教我妈用酱油治烫伤。二是我捡到了一只小猫，她告我怎么鉴别它会不会抓老鼠。两次都很和蔼，笑眯眯的，与她堵门的样子差距太远，我想不通。

我妈说："你们现在不用那么束手束脚了。楼下大哥哥不考了，去当临时工了。"

第三例，是最可怕的，因为就发生在我的课堂上。

我的英语老师是我爸妈同事的家属，为了解决就业问题，才进了附中。她和我们一样，从来没学过英语，仅仅只在暑假里培训过两个月。每次她上课，就是全班同学的噩梦：讲课文、讲单词、讲音标之后，她叫起一个同学——总是那同一个，向他提问。

那男生一言不发。

她反复地问，口气越来越严厉，越来越歇斯底里。

男生转过头去不看她。

她渐渐失控，开始拿英语书左一下右一下打他的脸，啪，啪，一边伴随着凄厉的问话："你说呀，你说呀，你有没有听讲？你到底会不会……"有一次，我们看见男生的鼻血流了出来。

才初一，同学都才十一二岁，都被吓得鸦雀无声。从没见过老师打学生，还这么狠，女生都在无声地哭——不敢出声，生怕引火烧身。

几乎每次都是隔壁班的老师听到动静，过来把她拉走，安排我们上自习，这堂课就此不了了之。

有一天早上，一进校园，发现全校学生都站在校园里无所事事，没有一个老师在场。大家都莫名其妙，乱哄哄了一阵，才有个人出来宣布："今天放假半天。"

中午吃饭的时候，我从爸妈嘴里知道：英语老师的儿子离家出走了，全校老师都帮她出发找儿子了，所以没人上课。幸而找到了。

"她儿子多大？"

"她儿子也在你们班上。"

原来，她每天打的，是她自己的儿子。

那是20世纪80年代初期，恢复高考没几年，大学四处纳贤，来的老师们多半拖家带口，身边有一个配不上他的黄脸婆，被安排到各种岗位。后来，许多人都离婚了，包括我的英语老师。

中国有过两个离婚高峰，一个是解放初期；另一个就是"文革"刚过，改革开放初期。

这三位，都不能算教育工作者，包括我的英语老师。回想他们跟孩子的互动，我看不出任何教育的影子。连体罚都算不上，就是彻头彻尾的暴力。

体罚是一种惩罚，以身体的方式惩罚错误。而我目睹的，是家长自己的身份焦虑：我干了一辈子粗活，你不能干这个。家长欲改变命运而不得的愤怒：全家都指望着你了你为什么这么没出息？婚姻生活不如意的巨大怨气：你爸是白眼狼，你还不给我争气？

一下，一下，书、棍子，碰撞身体的声音，代替他们没有出口的哭喊，震耳欲聋。

用我妈的话说就是："开心了，逗孩子；烦心了，打孩子。"

现在，体罚孩子的家长很少了吧？这真是文明的进步。

我们都从童年走来，又都会长成大人，有谁把童年挨打的记忆当作最美好的记忆吗？你从挨打里，感受到的是规则，抑或父母汹涌澎湃的怒火？

而如果你是打孩子的家长，有多少次真的是因为孩子干了什么不打不足以平民愤的事，还是当时你很烦，最好谁也别招你，但不懂事的孩子居然拿了张不及格的试卷让你签字？你明明知道，知识与纪律，不能沿着你的手掌与孩子身体的接触，断点续传——那上面没有 USB 口。但是，你被老师批评了，你很没脸；你对孩子束手无策了，你很绝望；你唇焦舌燥，想不出任何教育方式了……

聂绀弩有一篇《怎么做母亲》，值得每个人深思：

“我的母亲不知什么时候死去了。……我听见了这消息，奇怪不，没有哭，并且没有想哭，简直像听隔壁三家的事情似的。……其实这淡漠，早在母亲的意料之中，她曾对我说：‘将来你长大了，一定什么好处都不记得，只记得打你的事情。’……

“想到我的小时候，那是如何黑暗的一截生活哟！……其实所谓‘黑暗’，也没有别的，不过常常挨打而已。打手常常是我的母亲——说常常者，是说打我的人除了母亲之外，还有父亲和我的亲爱的老师们。”

有一次母亲丢了钱，认为是他偷的，“母亲也真是一个青天大老爷，她从来不含糊地打一顿了事，一定要打得‘水落石出’。偷钱该打，不算；撒谎该打，也不算；一直打得我承认是我偷了，并且说是买什么东西吃了，头穿底落，这才罢休。不用说，这都是完全的谎话。记得很清楚，从那次起，我知道了两件事：一、钱是可以偷的；二、人是可以撒谎的”。但是，那钱，真不是他偷的呀。

母亲在他做了官的时候还称功：“不打不成人，打了成官人，要不是我从前打你，你怎会有今天？”为了证明她的话不正确，聂绀弩有时真想自暴自弃一点才好。

挨打对他一生的影响是什么？

“我从小就很孤僻，不爱和人来往，在热闹场中过不惯。这是鸡毛帚教育的结果。我小时候总以为别人都是有母亲疼爱的孩子，他们不了解我的苦楚；我也不愿意钻进他们幸福者群的圈子里去。……

“鸡毛帚教育的另一结果，是我无论对于什么人都缺乏热情，也缺乏对于热情的感受力。早年，我对人生抱着强烈的悲观，感到人与人之间，总是冷酷的，连母亲对于儿子也只有一根鸡毛帚，何况别人。……

“此外，鸡毛帚教育的结果，是我的怯懦，畏缩，自我否定。”

最后，聂绀弩的结论是：“我有一个牢不可破的偏见：无论为了什么，打孩子，总是不应该的，而错误总是在大人一边。”

这是他1940年的作品，我真的不认为，七十余年后，这个问题还有讨论的必要，除非你希望你孩子“怯懦、畏缩、自我否定”。

爱儿爱女大不同

我有个小朋友看《爸爸去哪儿》看得走火入魔，对我咆哮：“每次看到诺一和康康我都心疼！中国‘男孩要穷养，女孩要富养’的老话一定要改改，对男孩也要像对女孩一样关心体贴！”

我啼笑皆非，对她说了一件事：有人对中国有儿有女的家庭做了一个调查。给儿女都没买房的占了20%，都买的大概有30%，只给儿子买没给女儿买的50%，只给女儿买没给儿子买的……我卖个关子：“你猜有多少？”

小朋友不敢猜。

我揭晓谜底：“和你想的一样，在300多例家庭里，一例都没有。”也许你听说过，也许你周围有，也许你是得天独厚的女儿，你父母爱你甚过兄弟，但很遗憾，这不是中国主流。

中国是毫无疑问的男权社会，大部分家庭对儿子的重视度都高过女儿：为儿子殚精竭虑，为儿子鞍前马后，但往往，父亲板着脸吼儿子，却把女儿捧在手掌心地宠。但宠，是不是爱？

爱猫爱狗的人，常自称是猫妈狗爸：带它们遛弯，给它们洗澡，买最好的狗粮猫粮。但……我一直记得非典消息刚刚传出，街心便多了许许多多猫和狗。它们流落在陌生街头，力图认出某一辆熟悉的车，想知道跟哪一双脚回家。抛弃是什么？它们慢慢也许会懂。那么心肝肉地疼爱，一到大的关节就暴露出人的自私冷血。是的，它们叫宠物，宠，不是爱。

《红楼梦》里宝玉挨过毒打，贾琏也挨过，环哥儿被威胁“一顿窝心脚踢出你肠子来”，秦钟、贾瑞都挨过。而对姑娘们，重话都没一句，迎春的奶妈被揭发聚赌，邢夫人是气了，也只是冷笑道：“你娘比如今赵姨娘强十倍的，你该比探丫头强才是，怎么反不及她一半！”都知道贾府女儿地位高，吃饭时媳妇们要侍立一旁捧盘端碗，女儿们反而可以端然入席。只是，谁为她们的未来好好打算过？迎春误嫁中山狼，探春远嫁，惜春的冷面冷心背后里面是怎样的伤害。无人操心她们的教育，不会有家财到她们头上，千顷富贵万顷豪门，她们照样是油麻菜籽，风吹到哪里，哪里就是她们的命运。这样说来，贾政呼呼打下的大板子里确实是恨铁不成钢的爱，而对女儿们，或者更多的是一种漫不经心，是一种对“别家人”的敬而远之。漠不关心，有时候表现得像包容。

现代父母没这么势利，手心手背都是肉，却也会有自觉不自觉的拿捏。

她在美国生了第二胎，是儿子。前后她在美国待了半年，没人督促女儿练钢琴，她回国后无暇他顾：半途而废也罢，快乐童年嘛。她始终很宠女儿，每周带去美容院洗泡泡浴，只是对于成绩，她渐渐有点儿管不过来了：总是要送出国的，也不指望她当科学家，读个差不多的大学，嫁个好男人是正理。十几岁的女儿开始写玄幻小说，一节一节，连载似的贴出来，她边看边笑，笑意里是掩不住的爱怜。但对儿子，她是虎妈：学游泳，学跆拳道，学网球，小朋友连赶几个场子，烦了，累了，坐在地上哇哇大哭，她不急不躁，柔声劝说，但绝不妥协，话里话外都是："你是男子汉，你要坚强……"

他是红三代，长子长孙，对儿女一向精心栽培，每个大生日都有派对。女儿是 18 岁，为她及她的闺密们都备了白纱裙与皇冠，由她们玩得翻天覆地，甚至尝了人生的第一口酒，酒后的小姑娘们跳起钢管舞来。他和太太笑得呵呵的。儿子是十岁，没请什么小朋友，倒坐满高官、大款、文化界人士以及高僧。十岁少年一身稚气的黑西服，站在门口一一鞠躬，握手寒暄，小大人似的。开宴后，他带着儿子挨桌敬酒，毕竟还小，儿子有点儿不耐，他投过去严厉的一瞥。我忍不住说："你把女儿当公主，但你儿子是当皇太子养的。"朋友笑，承认我说的是实话。

爱，向来有许多面目，宠溺是，严格也是。朋友们没有错，只是，也许女儿志存高远，而儿子只想温柔乡终老呢？毕竟，孔子说的是"因材施教"，而非"因性别施教"，更不是"因性别施爱"。一厢情愿的爱，满足了自己的内心动机，被爱者却未必吃这一套。父母能否爱得更广大一些，时刻警醒自觉不自觉的偏心，否则，搞不好两边不是人，女儿觉得自己被慢待，儿子又觉得自己被苛待。

毕竟，别人到底爱不爱我们，我们其实是知道的——哪怕那个“别人”是我们的父母。

图书在版编目（CIP）数据

孩子，谢谢你选我做妈妈 / 叶倾城著 . —北京：
文化发展出版社有限公司，2017.2
ISBN 978-7-5142-1651-6

Ⅰ . ①孩… Ⅱ . ①叶… Ⅲ . ①家庭教育 – 通俗读物
Ⅳ . ① G78–49

中国版本图书馆 CIP 数据核字 (2017) 第 028679 号

孩子，谢谢你选我做妈妈
著　　者：叶倾城

责任编辑：肖润征
特约监制：魏　玲
产品经理：韩　烨
特约编辑：陈煦婧
封面设计：沐希设计
出版发行：文化发展出版社（北京市翠微路2 号 邮编：100036）
网　　址：www. wenhuafazhan.com
经　　销：各地新华书店
印　　刷：北京市雅迪彩色印刷有限公司

开　　本：880mm × 1230mm 1/32
字　　数：155千字
印　　张：7.5
印　　次：2017年3月第1版　2017年3月第1次印刷
定　　价：39.80元
I S B N ： 978-7-5142-1651-6